BREVE HISTORIA DEL UKULELE

La mayoría de los historiadores del ukulele concuerdan en que el nacimiento del ukulele comenzó en 1879, cuando llegó a Honolulu un grupo de trabajadores agrícolas a bordo del barco inglés *Ravenscrag*. Muchos de estos trabajadores (como Augusto Dias, Manuel Nunes, Joao Fernandes, Joao Luiz Correa y Jose do Espirito Santo) traían consigo una sorprendente capacidad para tocar el machete (un pequeño instrumento, similar a una guitarra, con cuatro cuerdas de tripa, el precursor del ukulele). A su vez, estos trabajadores también compartían una intensa pasión por el trabajo con madera y comenzaron una rica tradición de construcción de ukuleles en la isla.

En 1915 se realizó la Exposición Internacional Panpacífico en San Francisco. Allí, el contingente hawaiano y su amado ukulele ayudaron a despertar el atractivo popular entre músicos y consumidores. Lo que siguió fueron músicos y canciones con temas hawaianos, una industria de partituras que imprimía con regularidad símbolos de acordes de ukulele, artistas de vodevil que rasgueaban el ukulele y compañías manufactureras en el continente, como Martin, Gibson, Harmony, Lyon & Healy y Epiphone, que trabajaban a toda máquina para satisfacer la demanda de ukuleles de calidad.

Algunos de los más grandes intérpretes que surgieron en esta época fueron Cliff Edwards (Ukulele Ike), Wendell Hall (The Red-Headed Uke Player), Johnny Marvin (Honey Duke), Roy Smeck, Frank Crumit, King Bennie Nawahi, Ukulele Bailey y George Formby (en el Reino Unido).

Aunque los años de la Gran Depresión de 1930 y las guerras de los cuarenta pueden haber traído una falta de interés temporal, el fervor por el ukulele resurgió en 1950 con la aparición del intérprete de ukulele barítono Arthur Godfrey, cuyas numerosas apariciones en televisión y radio ayudaron a colocar al ukulele de nuevo en el centro de atención. En la década siguiente, la novedosa interpretación en 1968 por parte de Tiny Tim de la canción de Nick Lucas, "Tiptoe Through the Tulips" (De puntillas a través de los tulipanes), lo colocó en primera plana; y vale decir que es aún la canción de ukulele más conocida entre las personas que no tocan el instrumento en los Estados Unidos.

El actual renacimiento del ukulele está experimentando una ola de interés tanto entre jóvenes como adultos, a la vez que toma elementos de fuentes tradicionales y eclécticas. Hay vitalidad en el grupo actual de músicos profesionales, que tratan al ukulele con un gran respeto histórico a la vez que continúan innovando en muchas nuevas direcciones. Tenemos tantas posibilidades de escuchar al virtuoso canadiense James Hill tocar su increíble interpretación del tema "Super Mario Brothers" (Súper Hermanos Mario) como de oír a la joven estrella hawaiana, Jake Shimabukuro, tocar el tema de Paul Simon "Mrs. Robinson" (Señora Robinson), o al gurú del ukulele, Jumpin' Jim Beloff cantar suavemente "Bye Bye Blackbird" (Adiós, mirlo).

Así que ya lo sabe: una vez que aprende lo esencial sobre punteo y rasgueo, no hay límites... ya que la historia aún se está escribiendo.

Cliff Edwards: la voz dorada de los años veinte y treinta.

George Formby: la estrella de ukulele del Reino Unido.

Tiny Tim: incursionó en la cultura pop con su novedosa interpretación de la canción de Nick Lucas, "Tip Toe Through the Tulips" (De puntillas a través de los tulipanes).

SU UKULELE

Este libro está diseñado para ser usado con cualquier tipo de ukulele soprano, de concierto o tenor, ya sea que se trate de ukuleles con cajas de madera, tipo banjo o resonadores. Puede usar cualquiera de estos modelos para estudiar música con este manual.

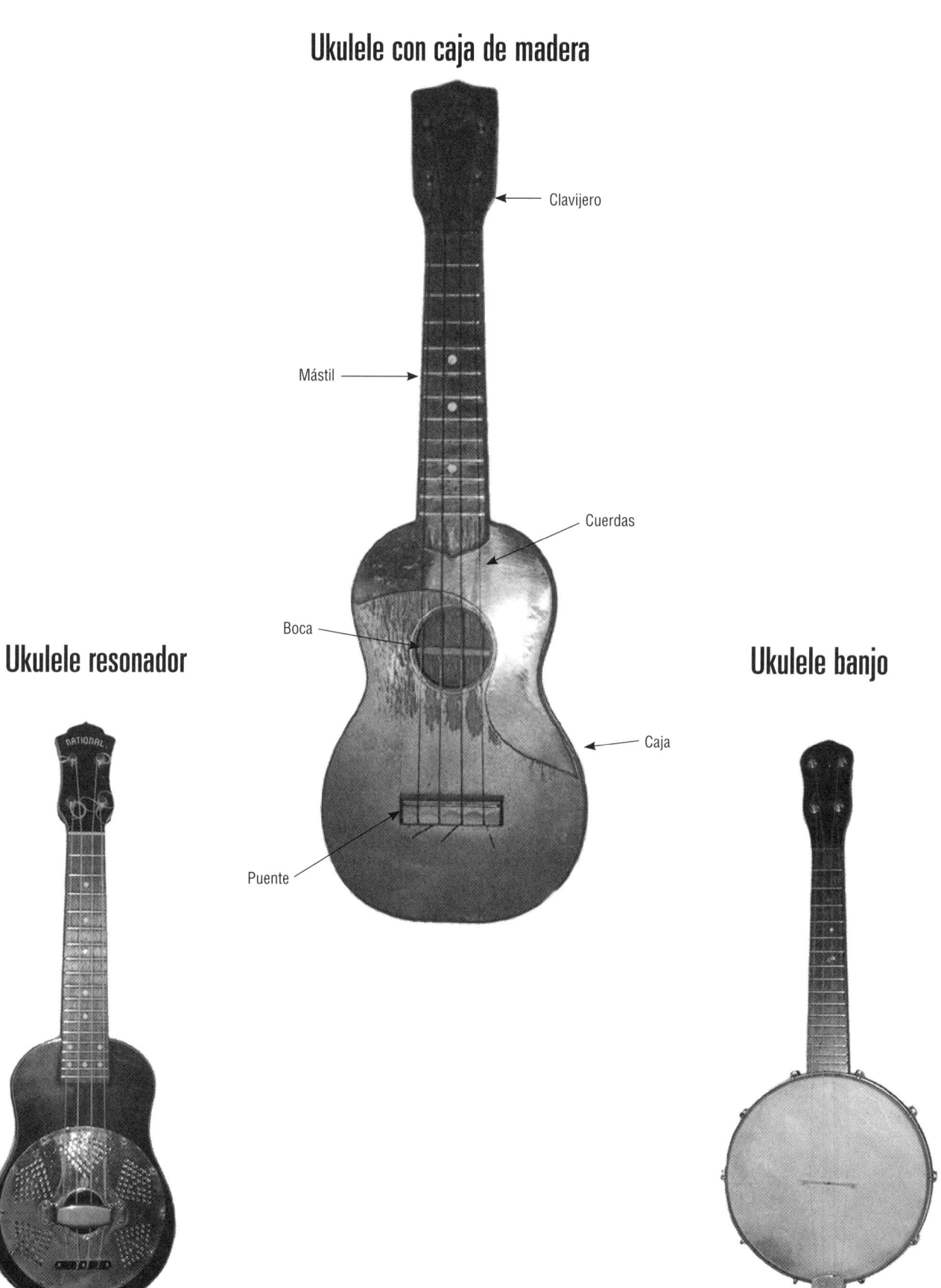

HAL LEONARD MÉTODO PARA UKULELE

POR LIL' REV

	PÁGINA	PISTA
Introducción	2	
Breve historia del ukulele	3	
Su ukulele	4	
Posición	5	
Afinación	6	1
Símbolos musicales	7	
Notas en la cuerda C (do)	8	2–3
Notas en la cuerda E (mi)	9	4
Frére Jacques (Martinillo)	10	
Mary Had a Little Lamb (María tenía un corderito)	10	5
Go Tell Aunt Rhody (Ve y dile a tía Rhody)	11	6
Ode to Joy (Himno a la alegría)	11	7
Notas en la cuerda A (la)	12	8
Twinkle, Twinkle Little Star (Brilla, brilla estrellita)	13	9
Oh! Susanna (Oh, Susana)	15	10
Escala de C Major (do mayor)	16	11–12
D (Re) agudo y E (mi) agudo	17	13
Aura Lee (Aura Lee)	18	14
Wildwood Flower (Flor silvestre)	19	15
Corcheas	20	
Frére Jacques (Martinillo)	20	16
Shortening Bread (Pan de campo)	21	17–18
Little Brown Jug (La jarrita marrón)	22	19
Interpretación de acordes	23	20
Acordes de C (Do), F (Fa) y G7 (Sol7)	23	
Rasgueo de acordes	24	
Generic Blues (Blues genérico)	25	
Strum It (Rasgueo)	26	21
Familia de acordes de G (Sol)	27	
Acordes de G (Sol), C (Do), D7 (Re7) y Em (mi menor)	27	22
Ooh-Wah Uke (Ooh-Wah Uke)	27	23
Boil 'Em Cabbage Down (Deja que hiervan las coles)	28	24
Compás de 3/4	29	
Waltz (Vals)	29	
Waltz Strum (Rasgueo de vals)	30	25
Amazing Grace (Sublime gracia)	31	26
Familia de acordes de F (Fa)	32	
Acordes de F (Fa), B♭ (Si♭) y C7 (Do7)	32	
Hush Little Baby (No llores mi niño)	32	
Rolling (Envuelto en los brazos de mi dulce niña)	33	27
Juking the Uke (Toca el ukulele)	33	28
Sostenidos y bemoles	34	
F-Sharp (Fa sostenido)	34	
Down in the Valley (En el valle)	34	29
Armaduras de clave	35	
B-Flat (Si bemol)	35	
Escala de F Major (fa mayor)	36	
Clementine (Clementina)	36	30–31
Paw Paw Patch (Mancha de papaya)	37	32
Skip to My Lou (Brinca hasta mi amor)	37	33
In the Moon's Pale Shimmer (En el pálido resplandor de la luna)	38	34
She'll Be Coming 'Round the Mountain (Ella vendrá por la montaña)	38	35
El redoble simple	39	
Shave and a Haircut (Una copita de ojén)	39	36
Interpretación del trémolo	40	
Aura Lee (Aura Lee)	40	37
El acorde de Am (la menor)	41	
Doo-Wop Uke (Du duá)	41	38
Pausas	42	
Goodnight Ladies (Buenas noches, chicas)	43	39
Merrily We Roll Along (Vamos alegremente)	43	
Familia de acordes de E Minor (mi menor)	44	
Acordes de Em (mi menor), Am (la menor) y B7 (Si7)	44	40
The Haunted Uke Blues (Blues encantado con ukulele)	45	41
Hey, Ho, Nobody Home (Nadie en casa)	45	42
Más acordes	46	
Acordes de Dm (re menor) y A7 (La7)	46	43–44
Sinner Man (Pecador)	47	45
Scarborough Fair (Feria de Scarborough)	47	46
Tabla de acordes	48	

ISBN 978-1-61780-597-4

Para obtener acceso al audio visite:
www.halleonard.com/mylibrary

Enter Code
4140-5236-4382-0064

7777 W. BLUEMOUND RD. P.O. BOX 13819 MILWAUKEE, WI 53213

Copyright © 2005 de Hal Leonard Corporation
Derechos internacionales asegurados   Todos los derechos reservados

En Australia, comuníquese con: Hal Leonard Australia Pty. Ltd.
4 Lentara Court, Cheltenham, Victoria, 3192 Australia
Correo electrónico: ausadmin@halleonard.com

Ninguna parte de esta publicación puede reproducirse de ninguna forma ni por
ningún medio sin autorización previa por escrito del editor.

Visite el sitio web de Hal Leonard en www.halleonard.com

INTRODUCCIÓN

Bienvenido al *Método para ukulele Hal Leonard - Libro 1*. Este método ha sido diseñado para ayudarlo a alcanzar su objetivo de convertirse en un músico competente con el ukulele. Aunque hay muchos estilos y técnicas de aprendizaje, este libro se centrará en la interpretación de melodías y notas individuales.

Una vez que comience, verá que el ukulele es un pequeño instrumento mágico que siempre parece generar una sonrisa. Realmente tiene el poder de alegrar a la gente. Ya sea por la novedad de su tamaño o por su naturaleza rítmica contagiosa, es probable que sus intentos de tocar el ukulele terminen en muchos tamborileos con los pies, chasquidos con los dedos, aplausos y el canto de viejas y sencillas canciones.

Con el tiempo, también verá que las posibilidades del ukulele van más allá de los parámetros del simple rasgueo e incluyen punteo, interpretación de solos, melodías principales y de acordes, rasgueos complicados, redobles, trémolos, apoyaturas dobles y un montón de efectos rítmicos y novedosos.

Es posible que la práctica no siempre sea perfecta, pero seguramente lo ayudará a avanzar. Aunque es importante esforzarse mucho, recuerde que la música debe ser, principalmente, divertida. No necesita practicar diez horas por día para mejorar. Por el contrario, esfuércese por realizar una práctica regular durante períodos breves. Con perseverancia, pronto dominará importantes técnicas y conceptos.

Buena suerte y feliz rasgueo.

—Lil' Rev

Un agradecimiento especial a Jennifer Rupp, Will Branch y Dennis Felber por su asistencia técnica.

ACERCA DEL AUTOR

Lil' Rev es un premiado multiinstrumentista, escritor e historiador de la música, que vive en Milwaukee, Wisconsin. Recorre los Estados Unidos enseñando e interpretando música original, folklore tradicional, blues, música étnica y música de antaño.

Para obtener más información sobre el calendario, las grabaciones o los programas de Lil' Rev, visite *www.lilrev.com*

ACERCA DEL AUDIO

Las pistas de audio que son incluidos con este libro incluye grabaciones de melodías y ejercicios selectos dentro de las lecciones. Cada vez que vea un icono de audio (🔊), reproduzca el número de pista correspondiente. Su objetivo debe ser aprender la pieza para poder interpretarla junto con la grabación del ukulele. Muchos ejemplos tienen tanto los acordes como las melodías para que usted pueda interpretar una parte mientras la grabación del ukulele reproduce la otra.

Grabado en Velvet Sky, Milwaukee, WI

Creado por Scott Finch

Interpretado por Lil' Rev

POSICIÓN

Hay muchas formas de sostener el ukulele con comodidad. Generalmente, deberá estar sentado, pero es posible que necesite pararse en alguna ocasión. Fíjese qué es lo que le resulta mejor.

Al estar sentado, puede apoyar el ukulele sobre la pierna derecha. O bien, aplique una leve presión con el antebrazo derecho para presionar el ukulele contra el lado derecho de la caja torácica.

Tocar parado exige un poco más de tiempo para acostumbrarse. Debe ejercer un poco más de presión con el antebrazo derecho para mantener el ukulele en su lugar.

Algunas personas usan una correa para mantener el ukulele en su lugar.

LA MANO DERECHA

Una vez que sostenga el ukulele con comodidad, necesita familiarizarse con las posiciones correctas de la mano, el pulgar y los otros dedos para poder puntear y rasguear correctamente.

Mano

Sostenga la mano apenas por encima de la boca del ukulele, con los dedos extendidos sobre el mástil.

Pulgar

Coloque el pulgar sobre el extremo inferior del mástil para realizar un roce suave.

Dedo

Flexione levemente el dedo índice hacia adentro y colóquelo justo sobre el décimo traste (pronto aprenderá más sobre los números de los trastes).

AFINACIÓN

Cuando afine el ukelele, ajustará el tono (grave o agudo) de cada cuerda por separado. Al ajustar una cuerda, elevará el tono. Al aflojar una cuerda, bajará el tono.

AFINACIÓN CON EL AUDIO

Las cuerdas de su ukelele están numeradas del 1 al 4, y la cuerda 4 es la más cercana al pecho. Este libro utiliza la afinación de C (Do) estándar (la afinación de ukelele más común), por lo que su ukelele se afinará de la siguiente manera:

PISTA 1

Tono: G (Sol)   C (Do)   E (Mi)   A (La)
Cuerda: 4   3   2   1

Escuche el tono correcto en el audio (pista n.º 1) y gire lentamente la llave de afinación hasta que el sonido de cada cuerda coincida con el sonido de la pista.

AFINACIÓN CON UN AFINADOR ELECTRÓNICO

Un afinador electrónico "escucha" si las cuerdas están afinadas o no, y le permite ajustarlas en el tono correcto. Aunque soy partidario de aprender a afinar de oído (ser capaz de reconocer y comparar el sonido de un tono sin la ayuda de una máquina), el afinador electrónico puede ser realmente práctico cuando uno está comenzando y aún no ha desarrollado la capacidad para reconocer los tonos afinados. La precisión y eficiencia del afinador lo convierten en una herramienta útil.

AFINACIÓN DE OÍDO

Afine la cuerda sol (cuerda 4) con una fuente confiable, por ejemplo un piano, un diapasón o un diapasón de lengüeta. Luego, afine las otras cuerdas con las notas siguientes para crear esta frase musical (según lo que se escucha en la pista 1).

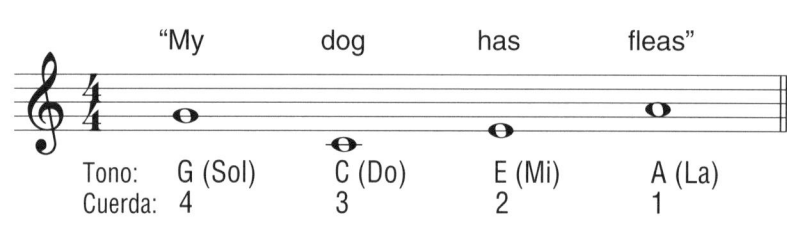
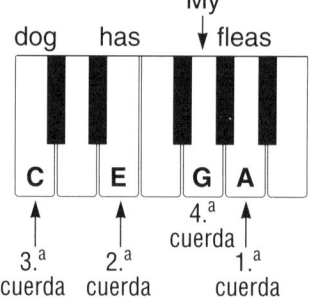

AFINACIÓN RELATIVA

A menudo, deberá afinar su instrumento solo cuando no haya otra fuente disponible. Para hacerlo, siga estos pasos:

1. Suponga que la tercera cuerda está afinada correctamente en C (do).
2. Presione la tercera cuerda detrás del cuarto traste (E [mi]) y afine la segunda cuerda hasta que suenen igual.
3. Presione la segunda cuerda en el quinto traste (A [la]) y afine la primera cuerda al aire.
4. Finalmente, presione la segunda cuerda sobre el tercer traste (G [sol]) y afine la cuarta cuerda.

Cuando todas las cuerdas estén afinadas, sonarán como la frase musical conocida:

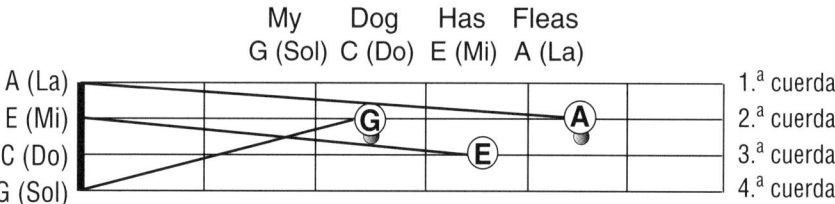

6

SÍMBOLOS MUSICALES

La música se escribe mediante notas en un **pentagrama**. El pentagrama tiene cinco líneas y cuatro espacios entre las líneas. El lugar donde se escribe una nota en el pentagrama determina su tono (grave o agudo). Al comienzo del pentagrama hay un signo de clave. La música para ukulele se escribe en clave de sol.

Cada línea y espacio del pentagrama tiene el nombre de una nota. Las **líneas** son (de abajo hacia arriba) E–G–B–D–F (mi-sol-si-re-fa). Los **espacios** son (de abajo hacia arriba) F–A–C–E (fa-la-do-mi).

El pentagrama se divide en varias partes mediante barras. El espacio entre dos barras se llama **compás**. Al final de una pieza musical, se coloca una barra doble en el pentagrama.

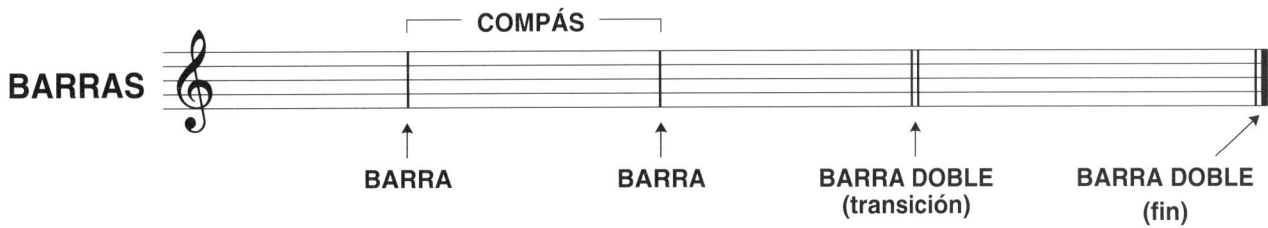

Cada compás contiene un grupo de **tiempos**. Los tiempos son el pulso constante de la música. Usted responde al pulso o tiempo cuando sigue el ritmo con el pie.

Los dos números que están junto a la clave se llaman **compás**.
El número de arriba indica cuántos tiempos hay por compás.

CUATRO TIEMPOS POR COMPÁS
LA NEGRA (♩) EQUIVALE A UN TIEMPO

El número de abajo del compás indica qué figura representará un tiempo

Las **figuras** indican la duración (cantidad de tiempos) de un sonido musical.

VALORES DE LAS FIGURAS

REDONDA = 4 tiempos   BLANCA = 2 tiempos   NEGRA = 1 tiempo

Cuando se colocan diferentes tipos de figuras en líneas o espacios distintos, conocerá el tono de la figura y durante cuánto tiempo tocar el sonido.

NOTAS EN LA CUERDA C (DO)

Comenzamos por aprender notas en la cuerda C (do), o tercera cuerda, porque en la afinación en C (do), la cuarta cuerda G (sol) generalmente no se toca, excepto al realizar acordes. Sin embargo, muchos músicos (por ejemplo, el legendario músico hawaiano Ohta San) afinan la cuerda G (sol) en grave para poder utilizarla para interpretar melodías.

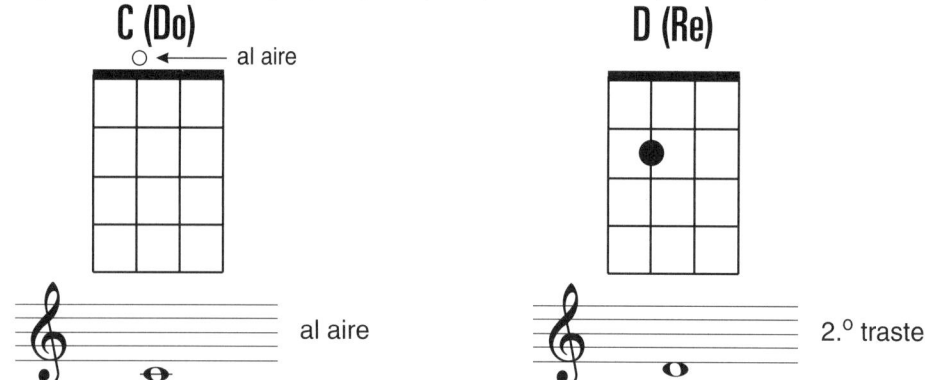

Toque las redondas con el pulgar y cuente "1–2–3–4".

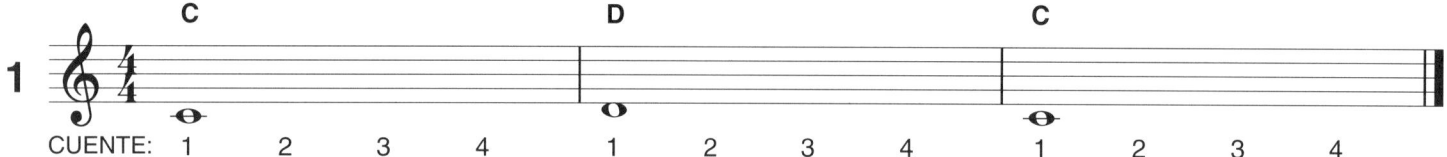

Ahora, toque C (do) y D (re) con las blancas. Cuente "1–2–3–4".

PISTA 2

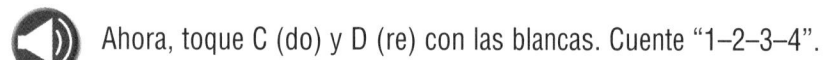

En la notación de **tablaturas**, las líneas horizontales representan las cuerdas. Los números señalan qué traste tocar (0 = al aire). Siempre verá el pentagrama de tablatura debajo del pentagrama principal.

Siga usando el pulgar y cuente "1–2–3–4" mientras toca estas negras.

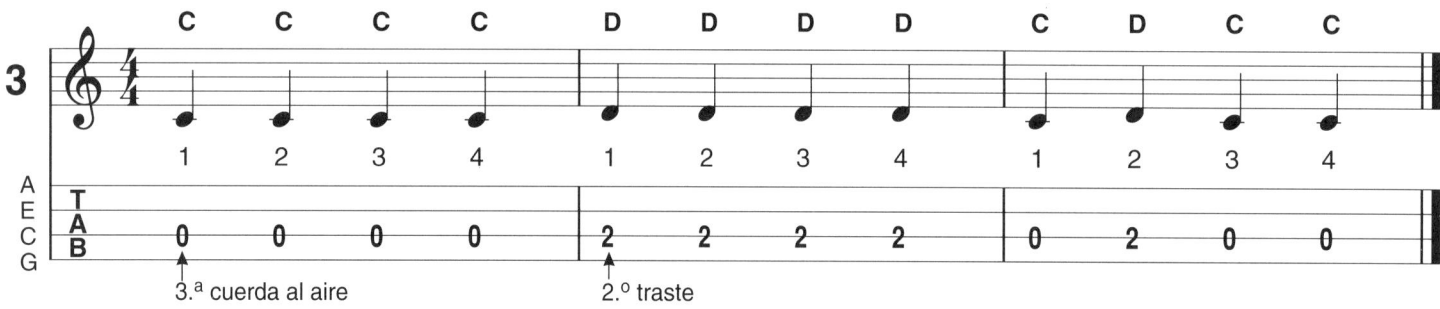

Ahora, combinemos un poco más.

PISTA 3

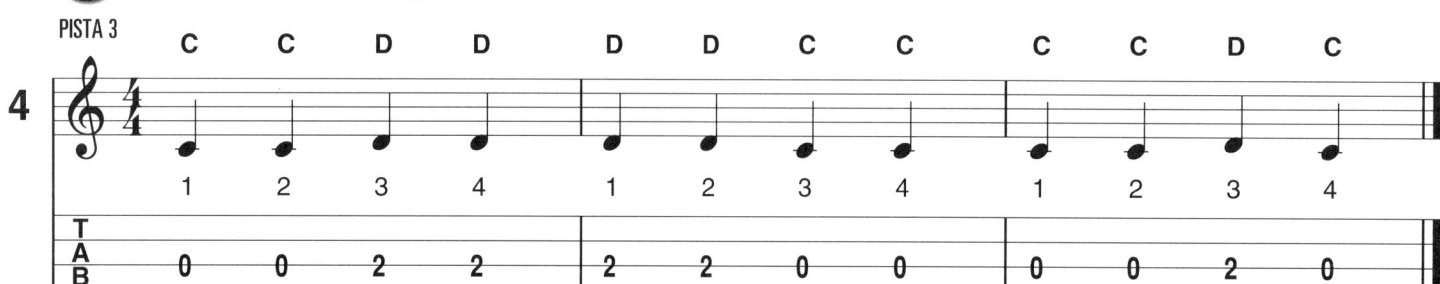

8

NOTAS EN LA CUERDA E (MI)

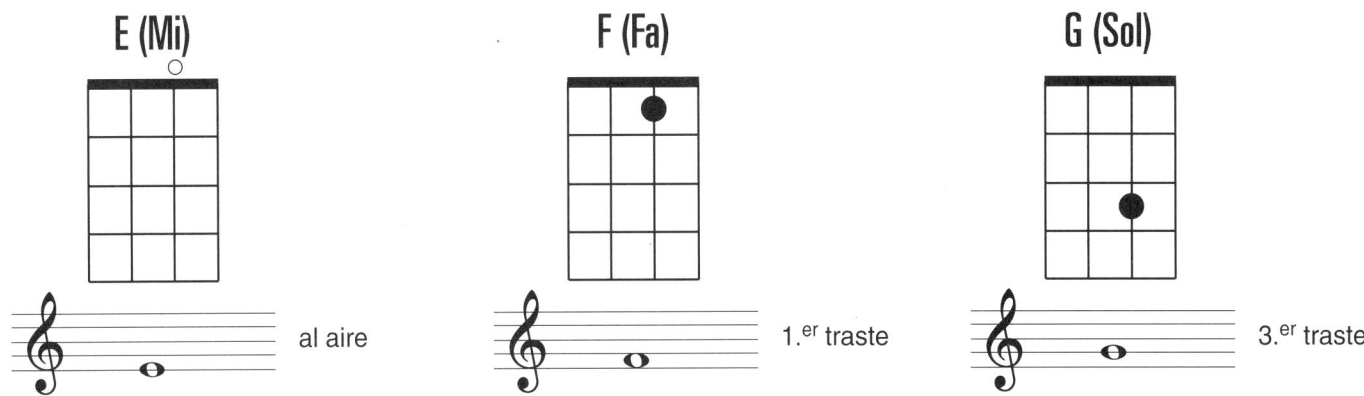

Cuente "1–2–3–4" como hizo en el último ejercicio.

PISTA 4

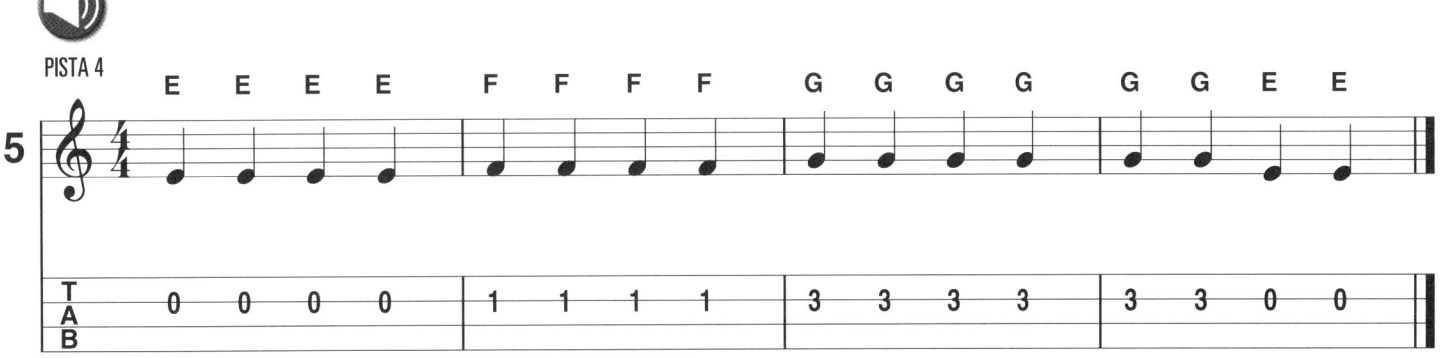

Cada vez que repita estos ejercicios, intente acelerar la velocidad sin perder precisión.

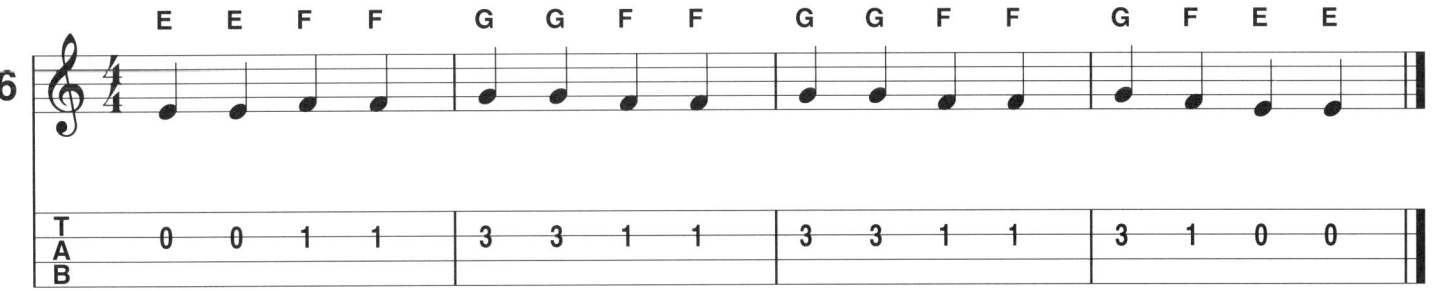

Ahora, lo combinamos nuevamente.

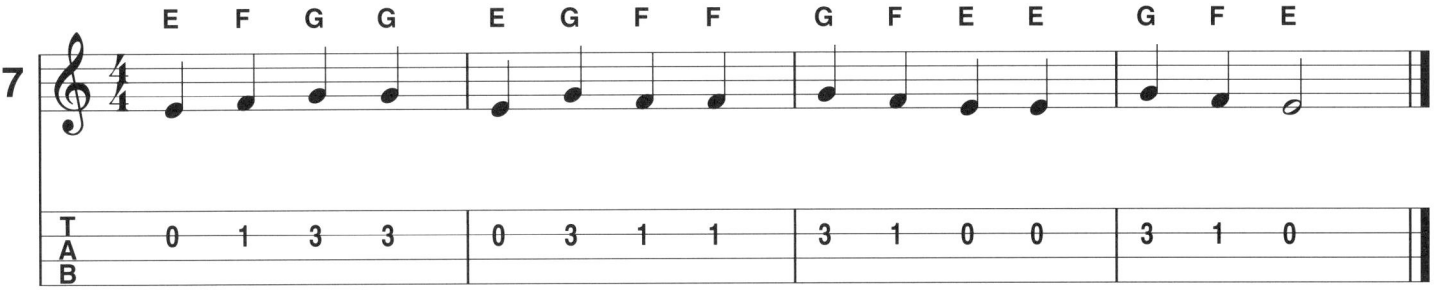

REVISIÓN DE LAS CUERDAS C (DO) Y E (MI)

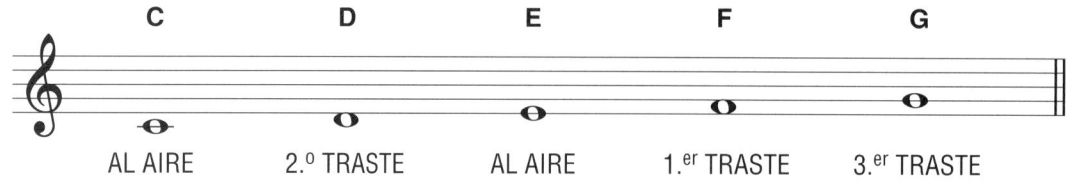

FRÉRE JACQUES (MARTINILLO)
(Are You Sleeping? [¿Duermes tú?])

Melodía para niños

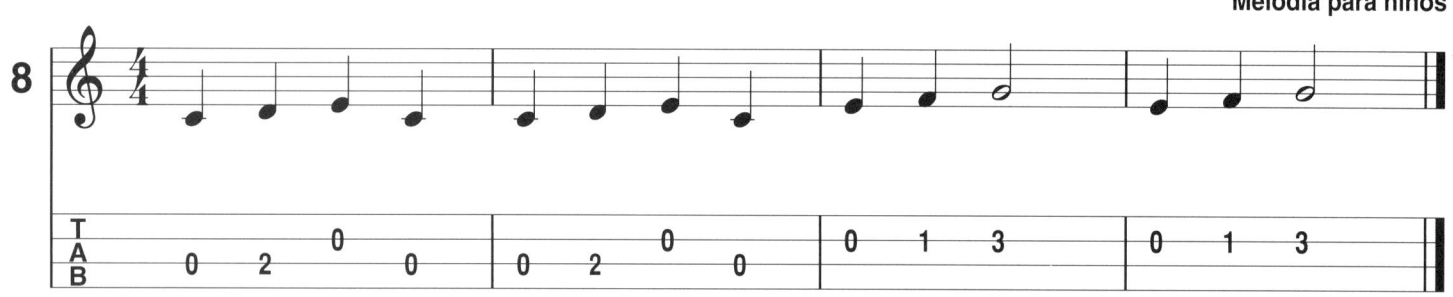

MARY HAD A LITTLE LAMB (MARÍA TENÍA UN CORDERITO)

PISTA 5

Esta melodía de folklore estadounidense, así como "Skip to My Lou" (Brinca hasta mi amor), "Old Dan Tucker" (El viejo Dan Tucker) y muchas más canciones de fiesta, se ha convertido en un clásico permanente. He agregado un final alternativo sólo por diversión.

Los símbolos de los acordes en gris se utilizan en este libro para señalar los acordes de fondo de su melodía. Los puede interpretar un profesor u otro músico de ukulele.

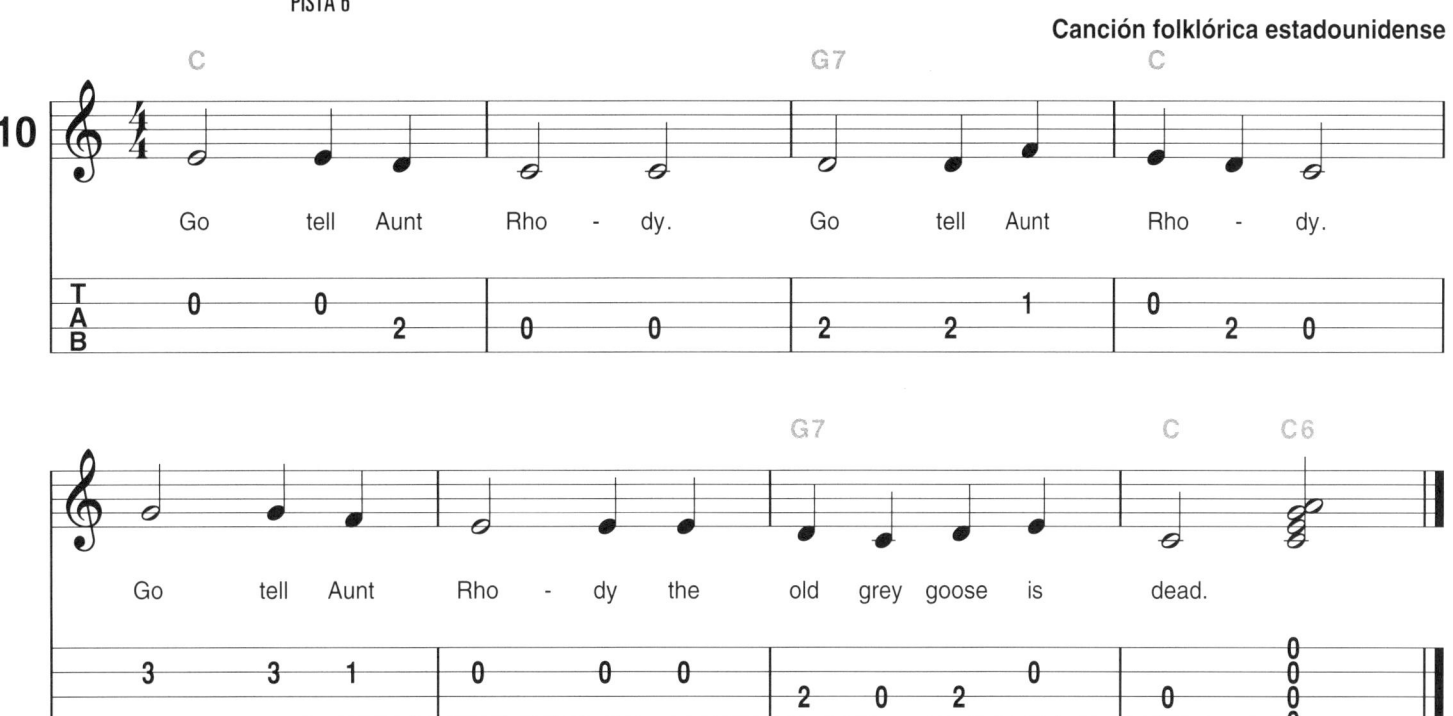

Este clásico arreglo para ukulele lo ayudará a familiarizarse con muchas de las notas que ha aprendido y a cambiar entre las cuerdas C (do) y E (mi).

NOTAS EN LA CUERDA A (LA)

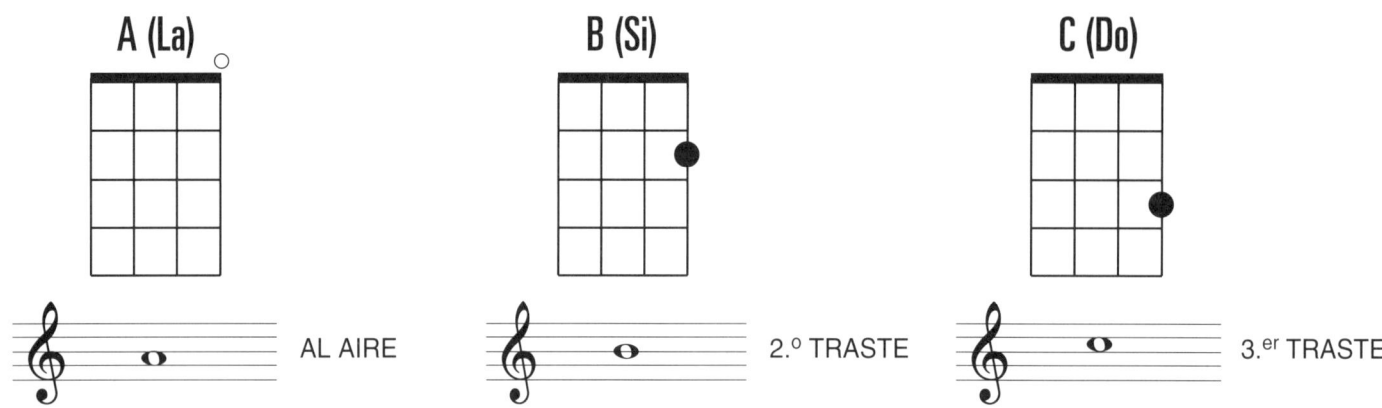

Cuente "1–2–3–4" como hizo en el ejercicio anterior.

PISTA 8

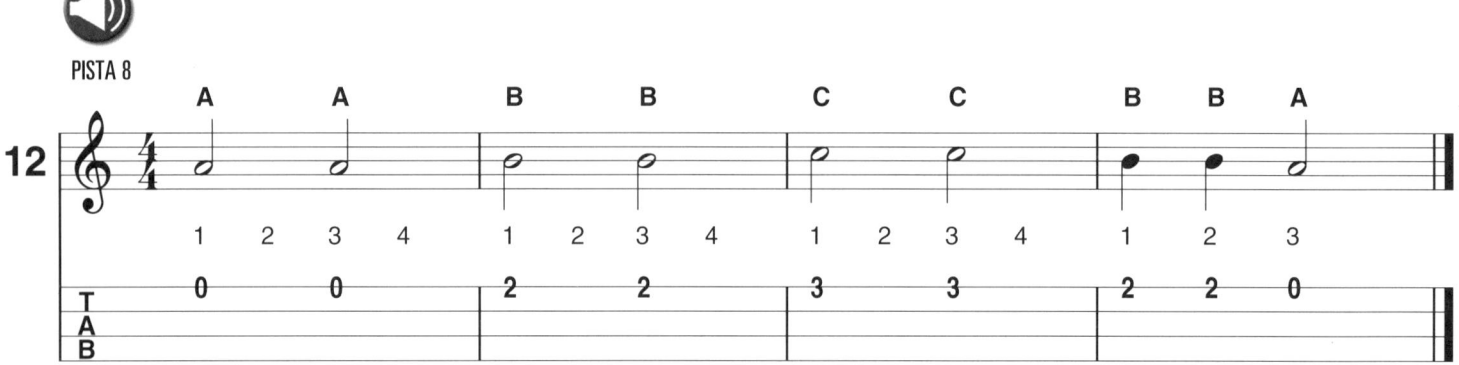

Intente decir cada nota en voz alta a medida que las toca.

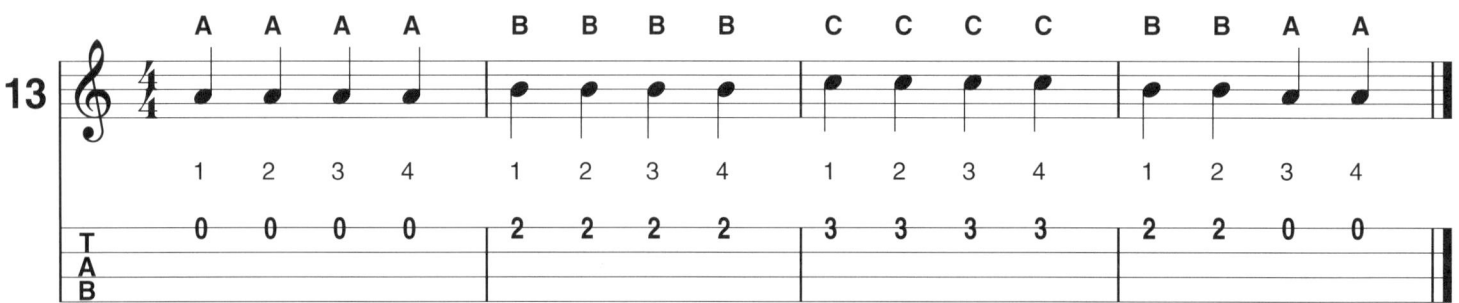

Ahora, lo combinamos nuevamente.

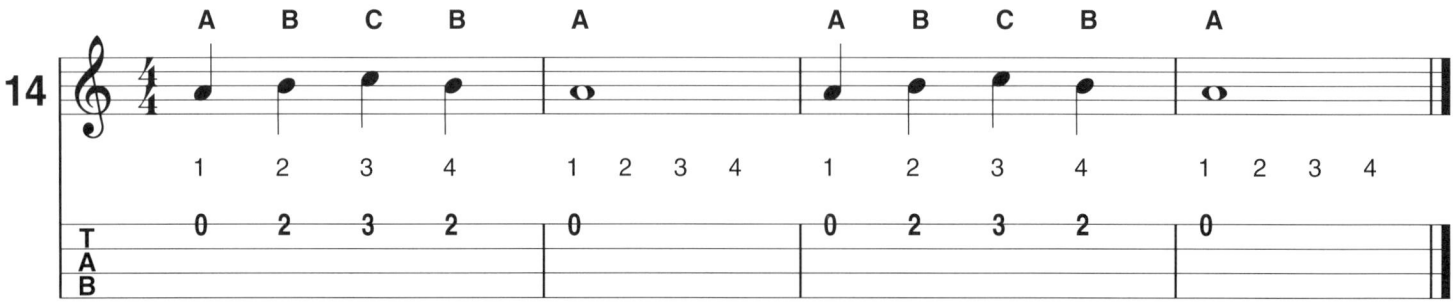

Ahora, tocaremos una melodía básica que todos conocen con las notas que hemos aprendido en las cuerdas C (do), E (mi) y A (la). Observe las negras y blancas, y toque con el pulgar.

TWINKLE, TWINKLE LITTLE STAR (BRILLA, BRILLA ESTRELLITA)

PISTA 9

Melodía para niños

15

Las grandes melodías siempre están cerca de nuestro corazón. En general, inspiran parodias, como el clásico "Twinkle, Twinkle Little Star" (Brilla, brilla estrellita), que también conocemos como "Bah Bah Black Sheep" (Bee, bee ovejas negras) y "The Alphabet Song" (La canción del abecedario).

Poco se conoce y a menudo se ignora la gran cantidad de trabajos grabados en los años veinte y treinta por bandas de country, blues y "jug" (música tradicional callejera estadounidense) de antaño. Su uso del ukulele demuestra no solo su función de percusión sino también la gama completa de estilos de ukulele (desde rasgueos complicados, redobles y punteos hasta trémolos y melodías principales con una sola cuerda). Todos, por supuesto, complementados con canto, silbido, canto al estilo tirolés y otras florituras vocales del período. Algunas de estas importantes bandas fueron Hillbillies, Fiddlin' Powers Family, Jimmie Rodgers, Memphis Jug Band y DaCosta Woltz's Southern Broadcasters.

NOTAS DÉBILES

Algunas veces, la melodía comienza antes del primer tiempo del primer compás. Estas notas se llaman **notas débiles**, ya que aparecen en un compás parcial llamado **compás débil**. Recuerde contar siempre los tiempos restantes antes de tocar su primera nota débil. Cuando una canción comienza con notas débiles, el último compás se acortará la misma cantidad de tiempos usados como compases débiles.

El compás débil en este ejercicio tiene solamente una negra. Cuente "1–2–3–" en silencio antes de tocar la negra en el tiempo 4. Observe que el último compás se acorta en un tiempo para equilibrar la nota débil de un tiempo.

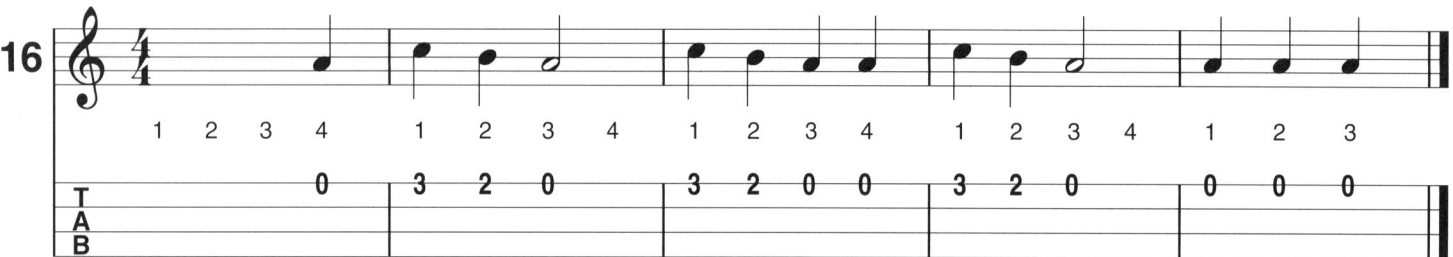

Los siguientes compases débiles tienen dos negras. Cuente "1–2–" en silencio antes de tocar los tiempos 3 y 4.

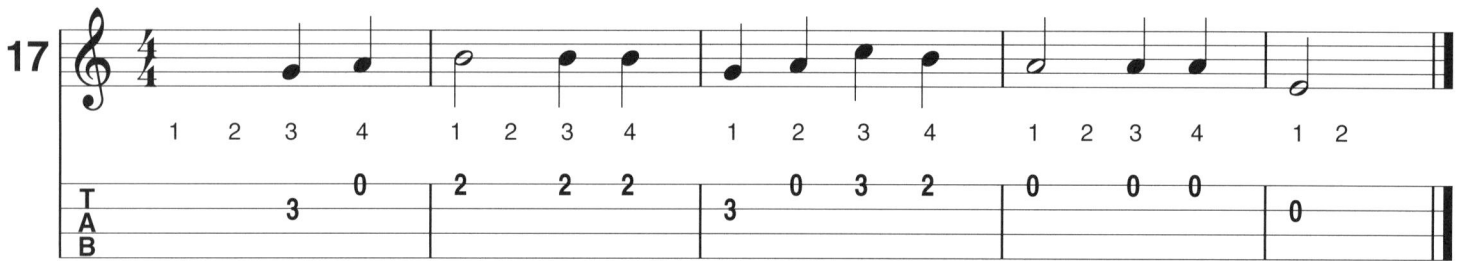

FIGURAS CON PUNTILLO

Cuando vea una **figura con puntillo**, mantenga esa nota durante un tiempo 50% más prolongado que lo normal. Por ejemplo, una blanca con puntillo (𝅗𝅥.) dura lo mismo que una blanca más una negra. El puntillo agrega la mitad del valor de la figura.

Observe las blancas con puntillo a continuación.

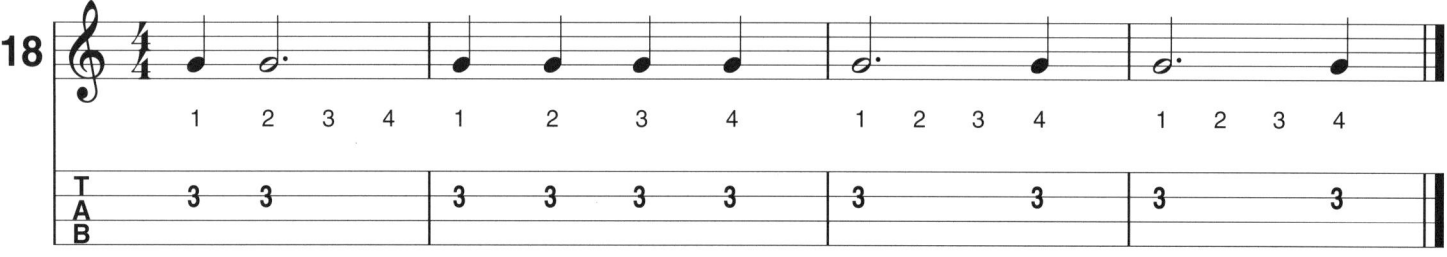

OH! SUSANNA (OH, SUSANA)

PISTA 10

Stephen C. Foster

ESCALA DE C MAJOR (DO MAYOR)

PUTTIN' IT ALL TOGETHER (INTEGRACIÓN)

Comience tocando la escala en ambas direcciones, hacia arriba y hacia abajo. Utilice el pulgar (o una púa con punta de fieltro) y vaya lentamente, aumentando la velocidad de forma gradual. Mientras interpreta la escala, diga las notas en voz alta a medida que las toca. Cuando pueda hacerlo sin complicaciones y manteniendo el ritmo, entonces estará listo para comenzar a tocar melodías básicas.

PISTA 11

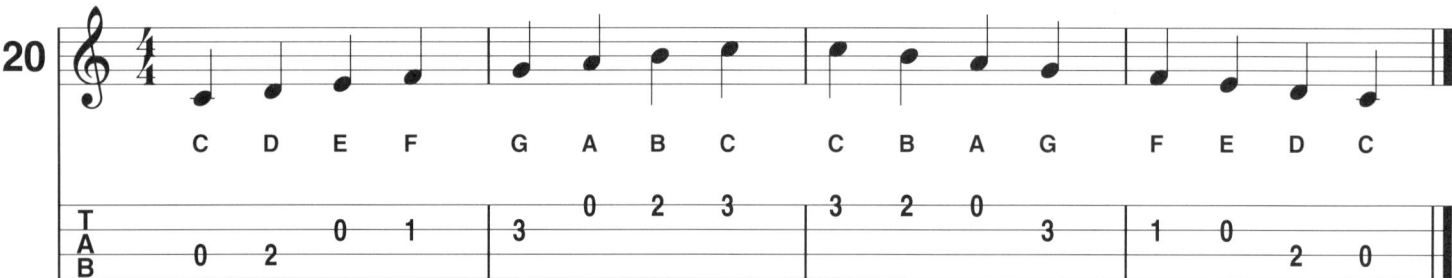

Intente interpretar la escala de C (Do) hacia arriba y hacia abajo, tocando dos veces por cada nota. Su objetivo es que suene de manera fluida y pareja.

PISTA 12

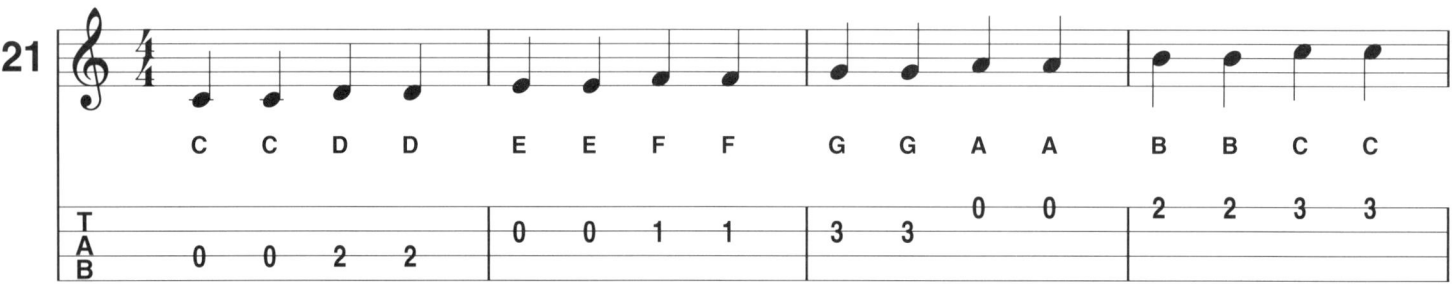

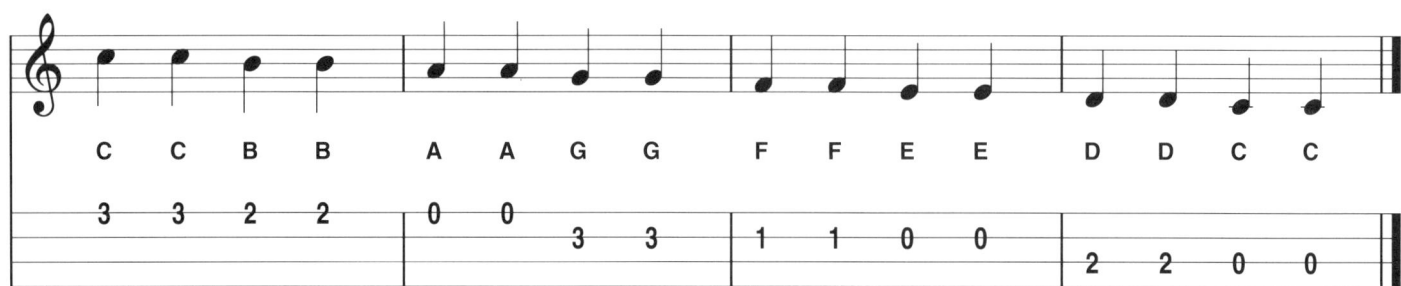

D (RE) AGUDO Y E (MI) AGUDO

Usted ya conoce la digitación para D (re) y E (mi) grave. Las versiones más agudas (u **octavas**) de estas notas existen a lo largo de la cuerda A (la). Son las siguientes:

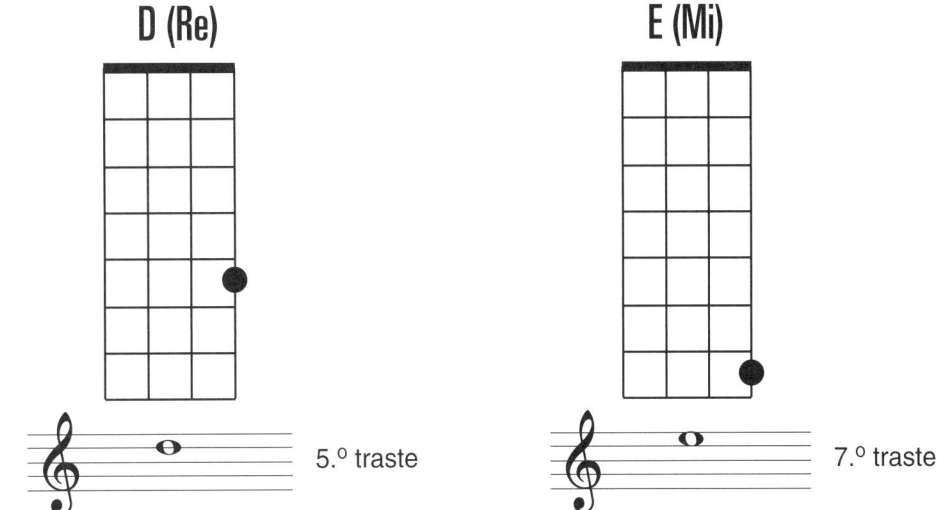

Intente tocar D (re) agudo y E (mi) agudo con blancas. Cuente "1–2–3–4".

PISTA 13

Recuerde usar el pulgar y contar mientras interpreta estas negras.

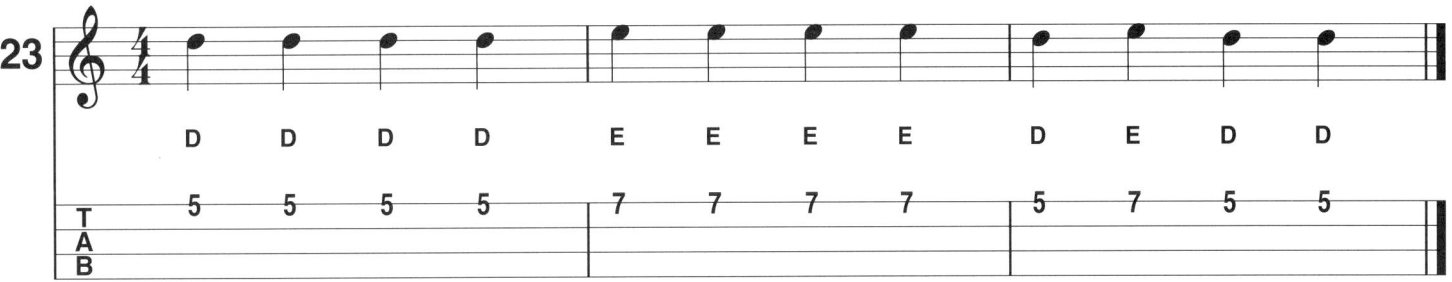

Ahora, combinemos un poco más.

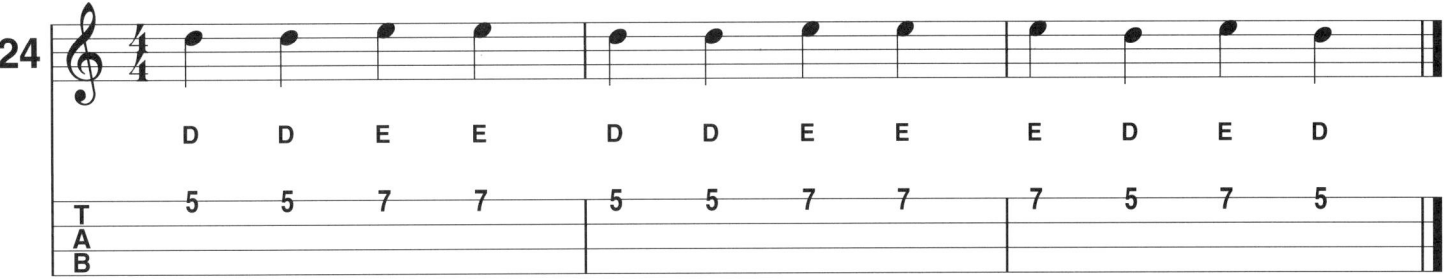

Esta encantadora melodía folk fue conocida como "Aura Lee" (Aura Lee) hasta 1956, cuando la interpretación de Elvis Presley la popularizó con el nombre de "Love Me Tender" (Ámame dulcemente).

AURA LEE (AURA LEE)

PISTA 14

Tradicional

LIGADURAS

Este símbolo (⌣) se conoce como **ligadura**. Cuando vea dos notas ligadas (♩‿♩), incluso entre compases, debe tocarlas como una sola nota. En otras palabras, simplemente agrega la primera nota a la segunda y las mantiene a lo largo de toda la duración de ambas notas.

En el doceavo compás de "Wildwood Flower" (Flor silvestre), el número (3) sobre las primeras dos notas significa que debe tocar estas notas con el tercer dedo (anular) de la mano izquierda. Atento con las ligaduras.

WILDWOOD FLOWER (FLOR SILVESTRE)

PISTA 15

Tradicional, fines del siglo XIX

CORCHEAS

Estamos a punto de ver algunas canciones con **corcheas**. Dos corcheas equivalen en valor a una negra.

1 negra ♩ = 2 corcheas ♫

La corcheas se escribe con una plica (♪). Las corcheas consecutivas se unen con una línea gruesa (♫).

Para contar las corcheas, debe decir "y" entre los tiempos. En un compás de 4/4, hay ocho corcheas en cada compás.

Intente interpretar estas corcheas. Vaya de forma lenta y pareja. Cuente "1 y 2 y 3 y 4 y".

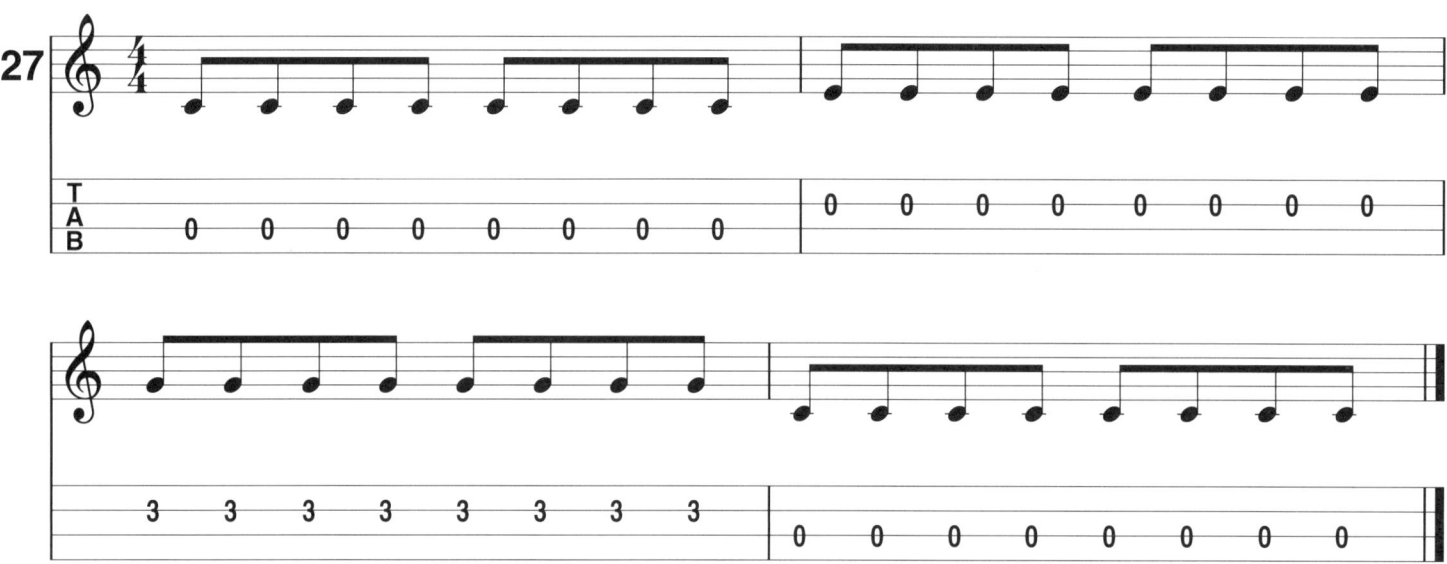

La próxima canción combina negras y corcheas.

FRÉRE JACQUES (MARTINILLO)
(Are You Sleeping? [¿Duermes tú?])

PISTA 16

Melodía para niños

Primero toque esta melodía usando principalmente negras.

SHORTENING BREAD (PAN DE CAMPO)

PISTA 17

Canción folklórica del sur de EE. UU.

Ahora, toque la misma melodía con corcheas. Como siempre, toque muy lentamente al principio y aumente la velocidad de forma gradual.

SHORTENING BREAD (PAN DE CAMPO)
Puttin' It All Together (Integración)

PISTA 18

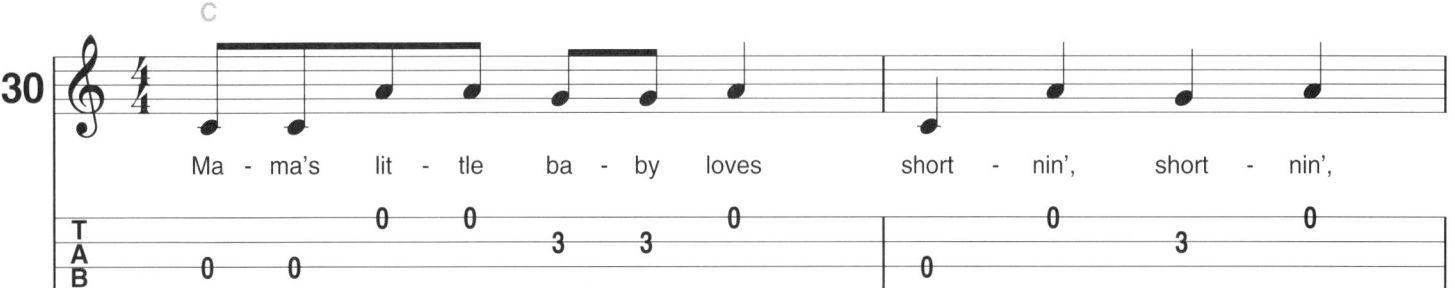

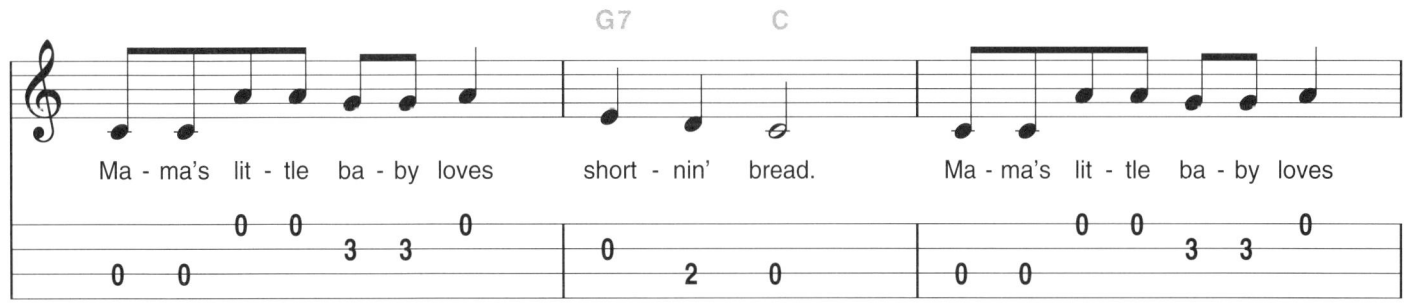

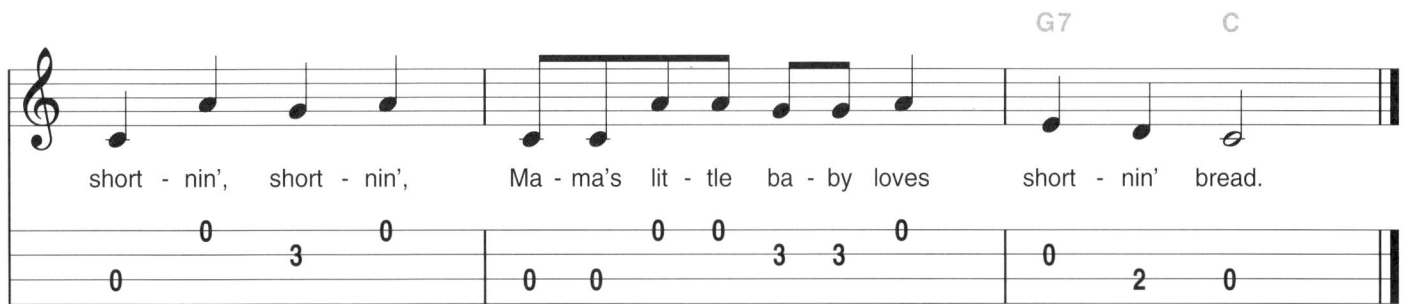

"El ukulele se convirtió en el instrumento oficial de la isla cuando el rey Kalakaua lo adoptó en 1886 y lo ejecutó por primera vez con bailarines de hula-hula".

—*Guitarra acústica y otros instrumentos de traste*

LITTLE BROWN JUG (LA JARRITA MARRÓN)

Trovador
Old Time Country

"El ukulele tiene esta ventaja: ni siquiera un músico capacitado puede saber si estás interpretando realmente o si simplemente juegas con el instrumento".—*Will Rogers*

INTERPRETACIÓN DE ACORDES

Acorde de C (Do)　　　　Acorde de F (Fa)　　　　Acorde de G7 (Sol7)

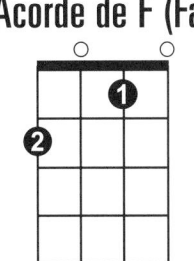
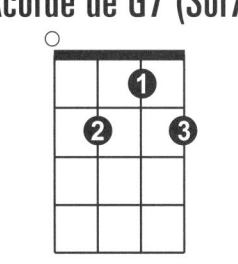

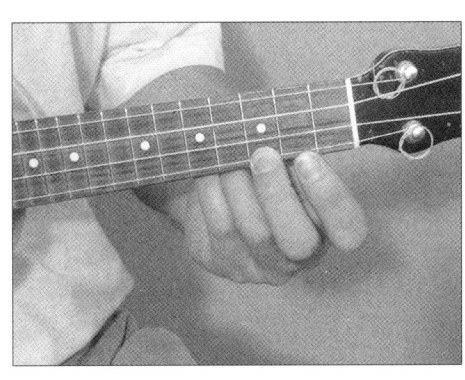

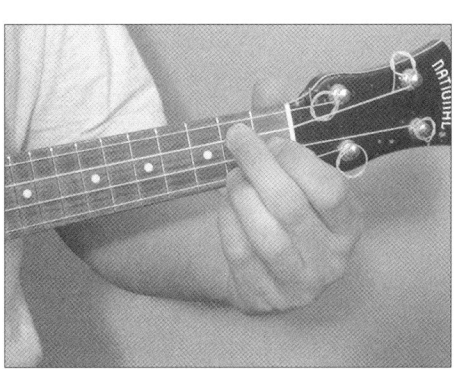

Un **acorde** es la combinación de tres o más notas que se tocan juntas. Las fórmulas de acordes anteriores son como mapas del mástil de su ukulele. Como vio con las notas individuales, los puntos muestran qué cuerda presionar y en qué traste. Los números sobre los puntos indican qué dedo usar. Para tocar un acorde de C (Do), por ejemplo, use la punta del segundo dedo de la mano izquierda y presione la cuerda A (la) apenas debajo del tercer traste. Rasgue las cuatro cuerdas con la mano derecha y listo. Ahora, intente tocar los acordes F (Fa) y G7 (Sol7).

Practique estos acordes rozando hacia abajo con el pulgar las cuatro cuerdas. Rasguee una vez para cada barra oblicua en el compás. Importante: Concéntrese en usar la punta de los dedos para presionar las cuerdas tal como se muestra para no tocar ninguna de las cuerdas incorrectas.

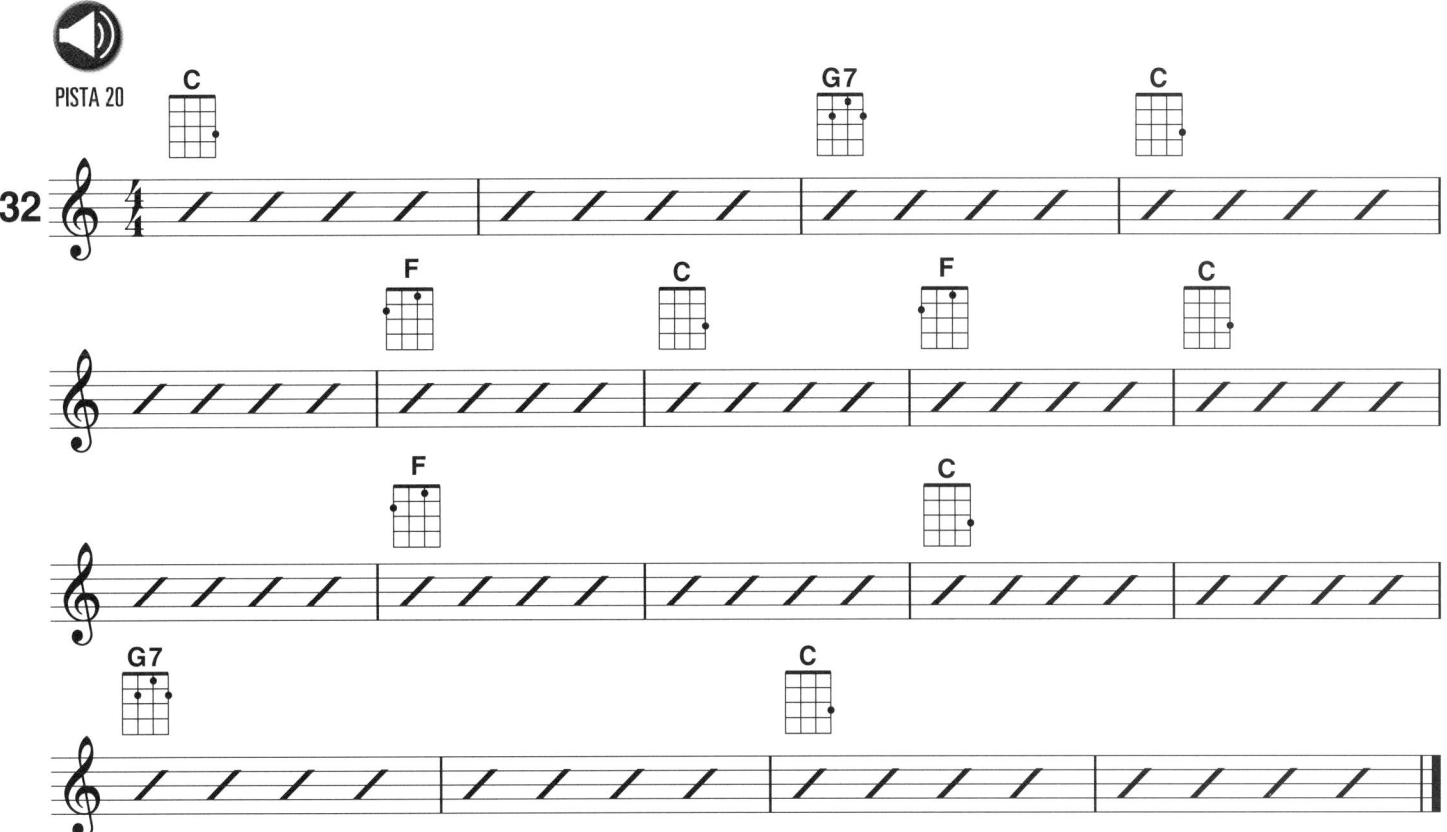

RASGUEO DE ACORDES

Una vez que haya aprendido algunos acordes básicos, será tiempo de comenzar a trabajar en técnicas de rasgueo sencillas. La forma más básica de rasguear acordes es con el pulgar, tal como se muestra.

RASGUEO CON ROCE DEL PULGAR

Con la mano relajada, roce suavemente con el pulgar las cuerdas hacia abajo.

 CUENTE: 1 – 2 – 3 – 4

Cada vez que roza las cuatro cuerdas hacia abajo, vuelva a subir la mano sin tocar las cuerdas y roce nuevamente hacia abajo. Hágalo hasta que logre un tiempo rítmico fluido.

33 | C | | | | | G7 | C | G7 | C | | | | | F | C | F | C |

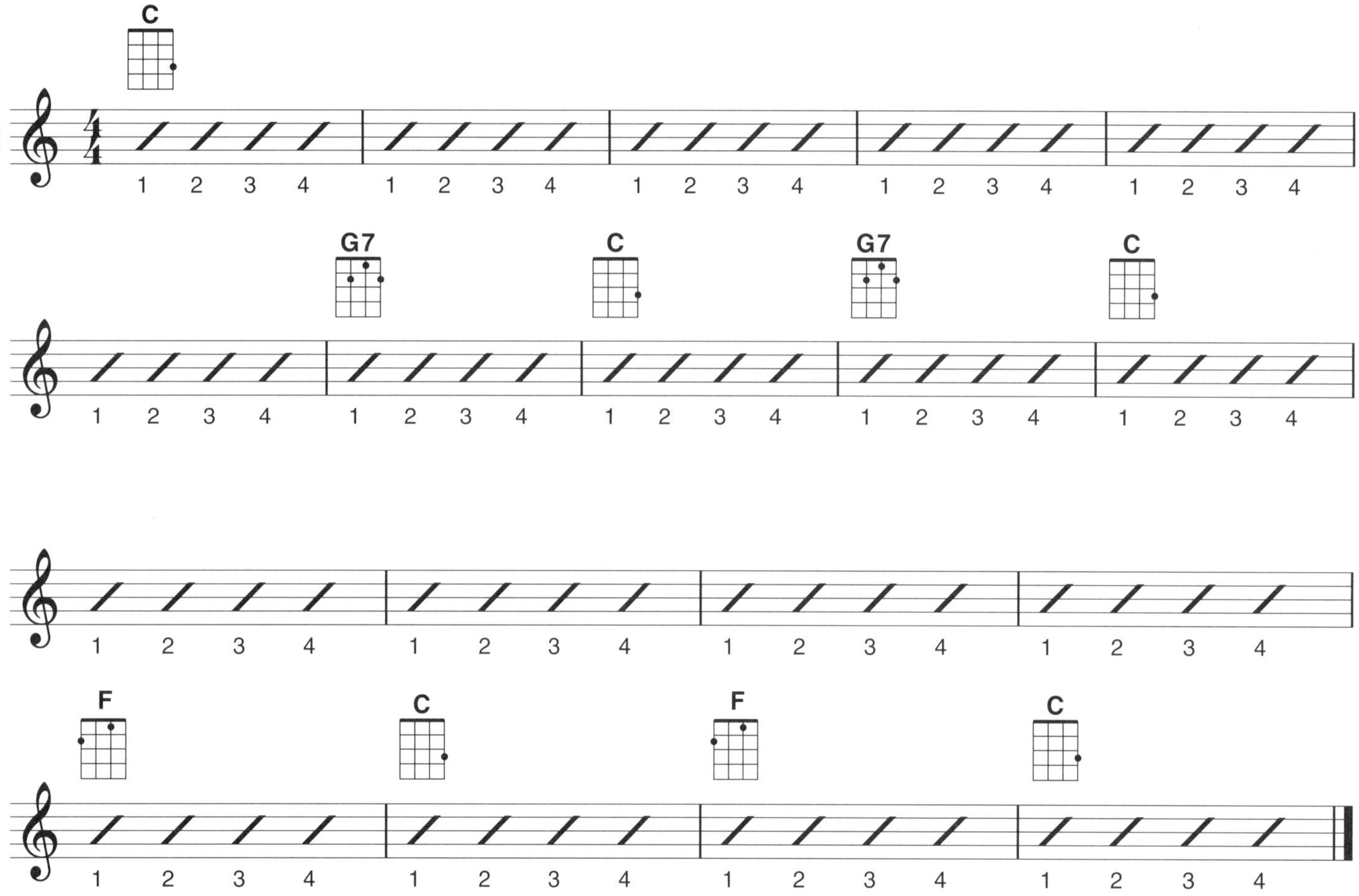

Use esta melodía conocida de dos acordes para practicar el rasgueo con roce del pulgar mientras canta "Hush Little Baby" (No llores mi niño).

34

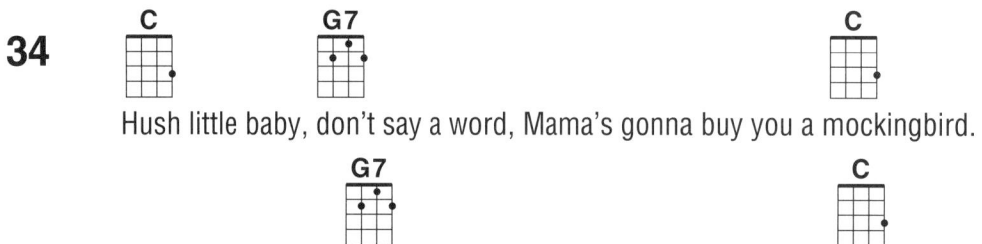

Hush little baby, don't say a word, Mama's gonna buy you a mockingbird.

And if that mockingbird don't sing, Mama's gonna buy you a diamond ring.

RASGUEO CON EL ÍNDICE

El roce con el pulgar puede ser la forma más elemental de rasgueo, pero el rasgueo con el dedo índice es la manera más común de rasguear su ukulele. Cierre levemente el puño de la mano derecha y deje el dedo índice flexionado, tal como se muestra. Coloque la mano sobre la parte inferior del mástil y, con la punta del dedo, rasguee hacia abajo.

Como hizo con el pulgar, roce las cuatro cuerdas hacia abajo, vuelva a subir la mano sin tocar las cuerdas y roce nuevamente hacia abajo.

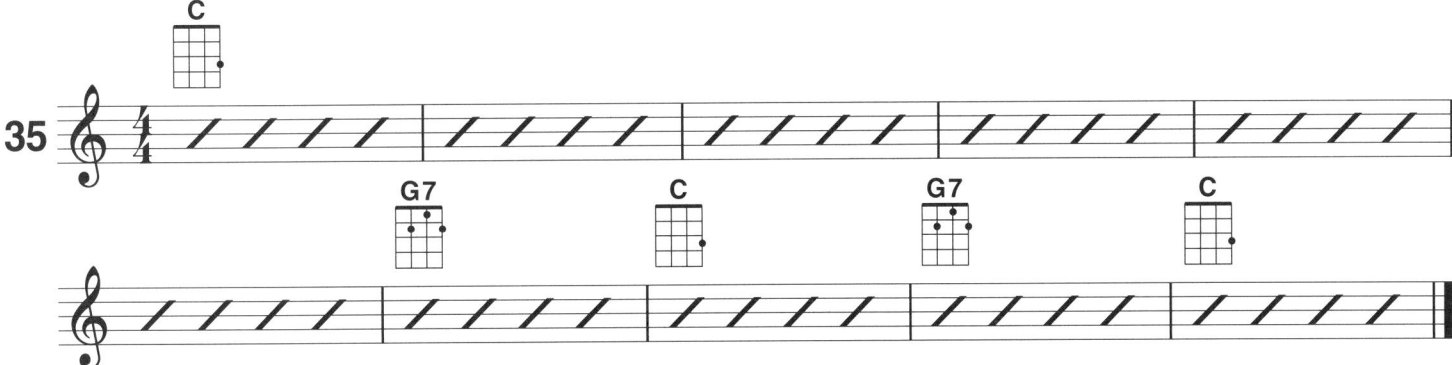

BLUES CON ESTRUCTURA DE DOCE COMPASES

La progresión básica del blues se llama **blues con estructura de 12 compases**, porque tiene doce compases. Desde el rock, pasando por la música country y el pop, la estructura de doce compases es el fundamento sobre el cual se basa una gran parte de la música de los Estados Unidos. Es la pulsación de Chuck Berry, Bill Haley, Jerry Lee Lewis y cientos de otros músicos.

Practique el rasgueo de progresión de acordes lentamente con este patrón de rasgueo rítmico: abajo, abajo-arriba, abajo-arriba, abajo-arriba.
(Cuente: 1 2 y 3 y 4 y)

GENERIC BLUES (BLUES GENÉRICO)

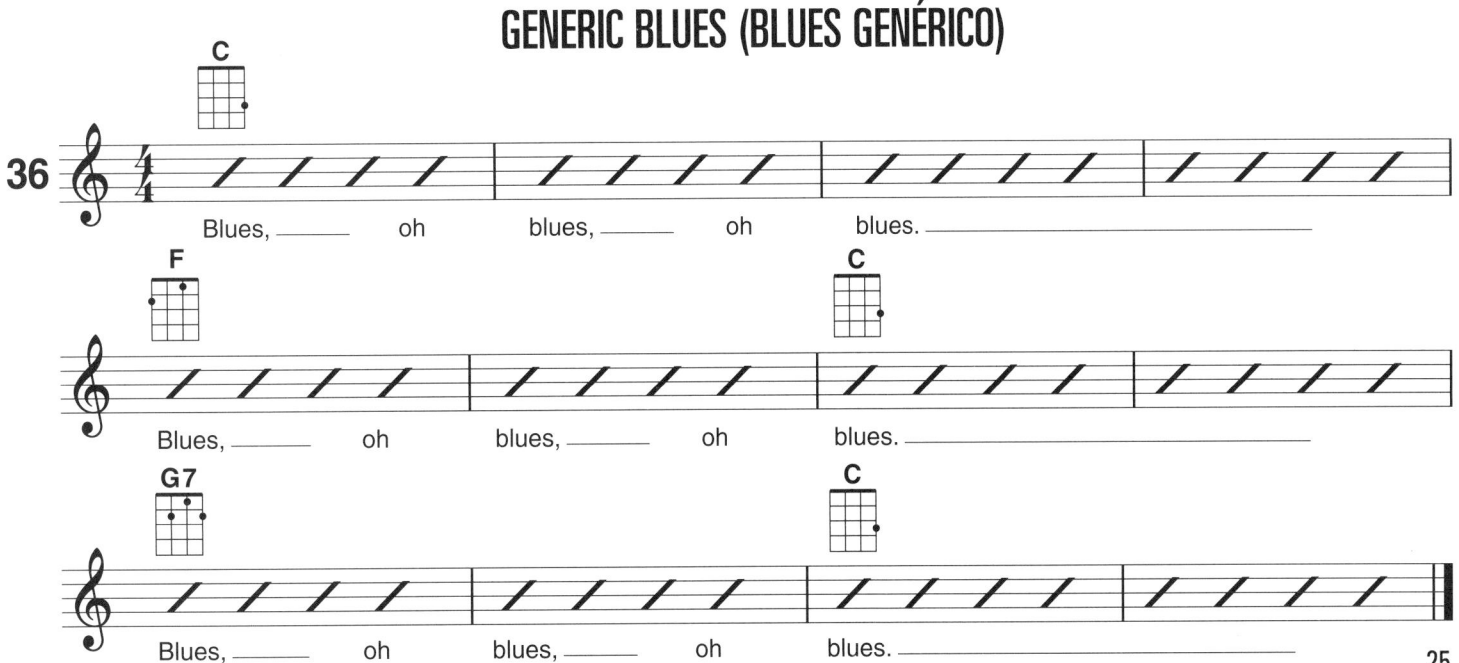

25

RASGUEO CON EL ÍNDICE Y EL PULGAR

Ahora que ya se siente cómodo con el rasgueo con el pulgar y el índice, los combinaremos para crear un ritmo interesante. El compás es de 4/4, cuatro tiempos por cada compás. Debe contar "1–2–3–y–4".

1. Roce con el índice hacia abajo en el tiempo 1.

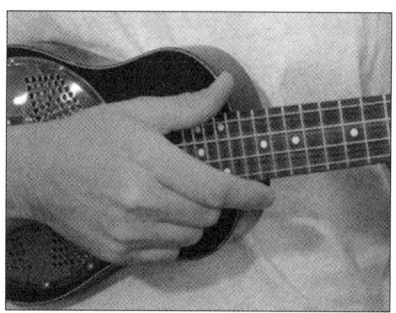

2. Roce nuevamente con el índice hacia abajo en el tiempo 2.

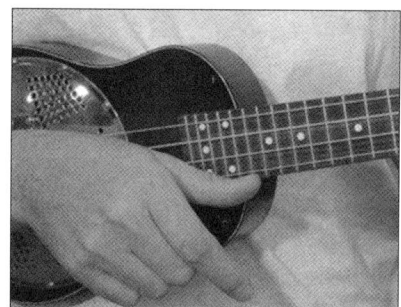

3. Roce nuevamente con el índice hacia abajo y rápidamente continúe con el pulgar en el tiempo 3.

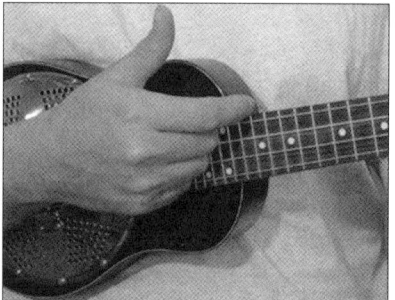

4. Con velocidad, roce con el índice hacia arriba en el "y" del tiempo 3 (la corchea después del tiempo 3).

5. Roce nuevamente con el índice hacia abajo en el tiempo 4.

Escuche la pista n.º 21 para conocer este nuevo patrón de rasgueo. Hay muchas variaciones que usted puede tocar. A continuación, hay un gráfico modelo del patrón principal de rasgueo y una leve variación. Puede escuchar ambos en la pista n.º 21. Las flechas representan rasgueos hacia abajo y hacia arriba; D = dedo, P = pulgar.

Practíquelo muy lentamente hasta que pueda mantener un tiempo rítmico estable de "1–2–y–3–y–4". Le puede resultar útil contar en voz alta.

STRUM IT (RASGUEO)

PISTA 21

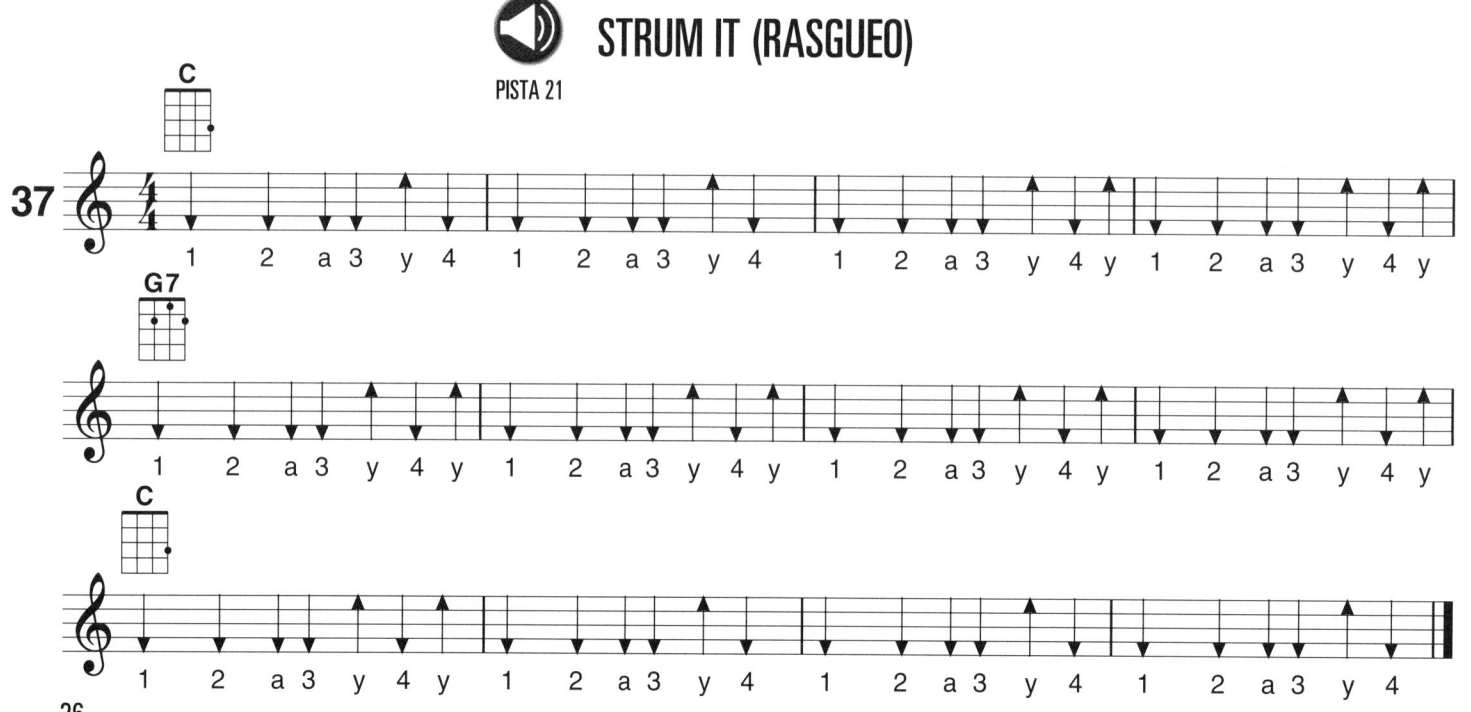

FAMILIA DE ACORDES DE G (SOL)
Acordes de G (Sol), C (Do), D7 (Re7) y Em (mi menor)

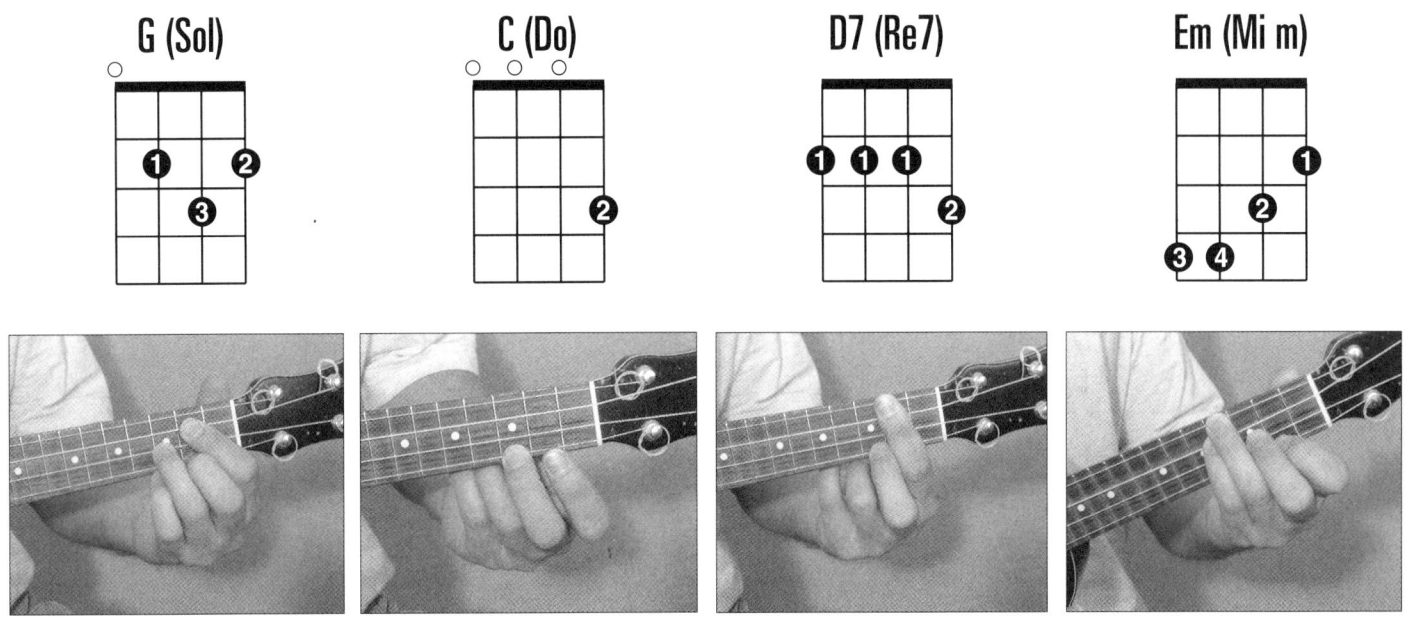

Repita esta progresión hasta que pueda cambiar de acordes sin complicaciones. Intente tocarlo con el patrón de rasgueo que escuchó en la pista.

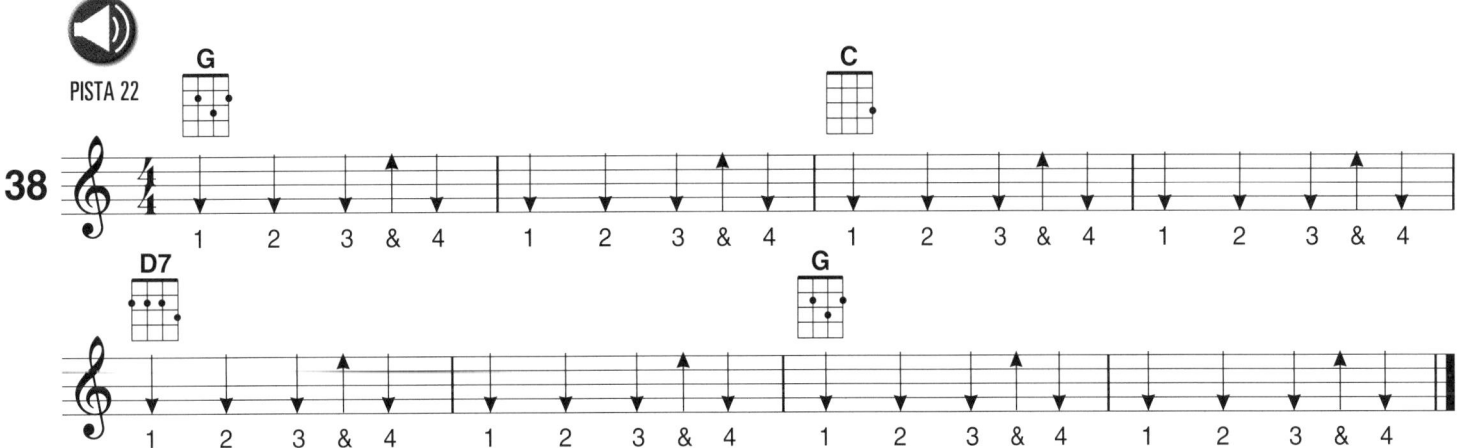

PISTA 22

Ahora, interprete la progresión "Ooh-Wah Uke" (Ooh-Wah Uke) en clave de G (Sol). Use el rasgueo con el índice y el pulgar y la progresión que aprendió.

OOH-WAH UKE (OOH-WAH UKE)

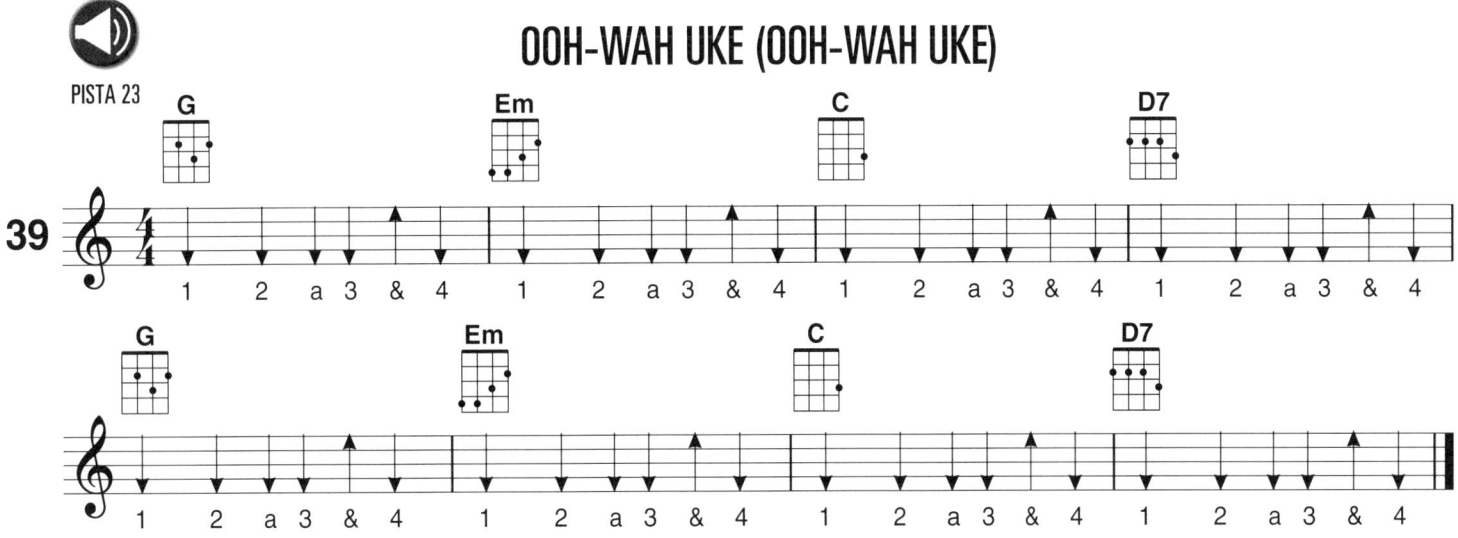

PISTA 23

Primero, siéntase cómodo al tocar esta melodía. Luego, aprenda la parte rítmica mediante el rasgueo de los acordes.

BOIL 'EM CABBAGE DOWN (DEJA QUE HIERVAN LAS COLES)

PISTA 24
lento/rápido

Bluegrass

COMPÁS DE 3/4

Mientras que la mayoría de las canciones que hemos estudiado hasta ahora tienen cuatro tiempos por cada compás, el **compás de 3/4** tiene solo tres tiempos por cada compás. Uno de los patrones de compás de 3/4 se llama **tiempo de vals**. El vals es una antigua danza que se originó en Europa del Este aproximadamente a principios del siglo XVIII. Actualmente, este ritmo es una parte importante de la música de los Estados Unidos.

TRES TIEMPOS POR COMPÁS
UNA NEGRA (♩) = UN TIEMPO

CUENTE: 1   2   3

Contamos: UN–dos–tres,
           UN–dos–tres,
           UN–dos–tres.

O contamos: UM–pa–pa,
             UM–pa–pa,
             UM–pa–pa.

Hay prácticamente miles de canciones en compás de 3/4 o tiempo de vals, incluidas "Goodnight Irene" (Buenas noches, Irene), "Tennessee Waltz" (Vals de Tennessee), "Melody of Love" (Melodía de amor), "After the Ball" (Después del baile), "Scarborough Fair" (Feria de Scarborough), "Streets of Laredo" (Calles de Laredo) y "Norwegian Wood" (Madera de Noruega).

A continuación, sigue un ejercicio de compás de 3/4 con G (sol) y B (si). Cuente a medida que toca.

WALTZ (VALS)

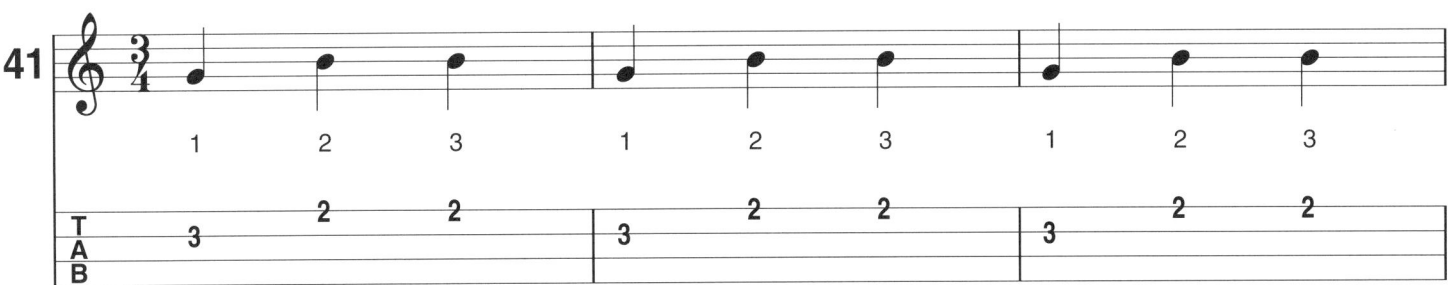

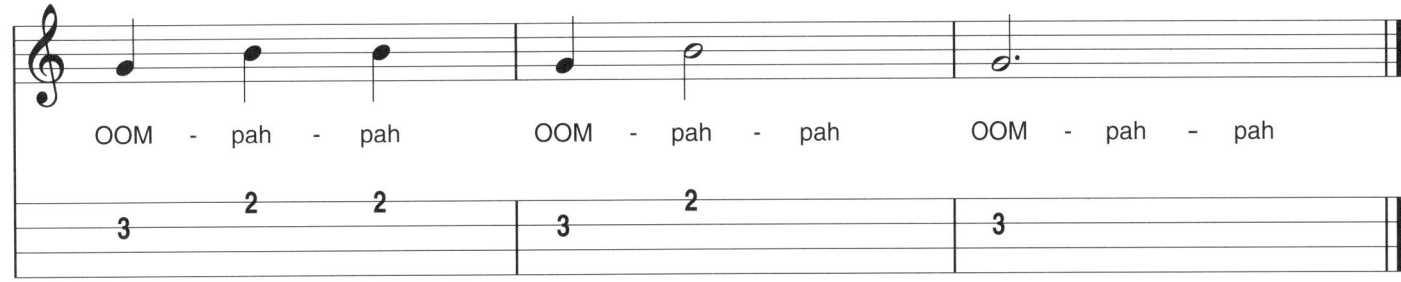

Liliuakalami, la última reina de Hawái, dijo una vez que la palabra ukulele significaba "el regalo que volvió a casa". *Uku* significa "regalo" y *lele* se traduce como "volver".

—*Old Time Herald*

Practique este ejercicio en compás de 3/4 con rasgueo de roce del pulgar.

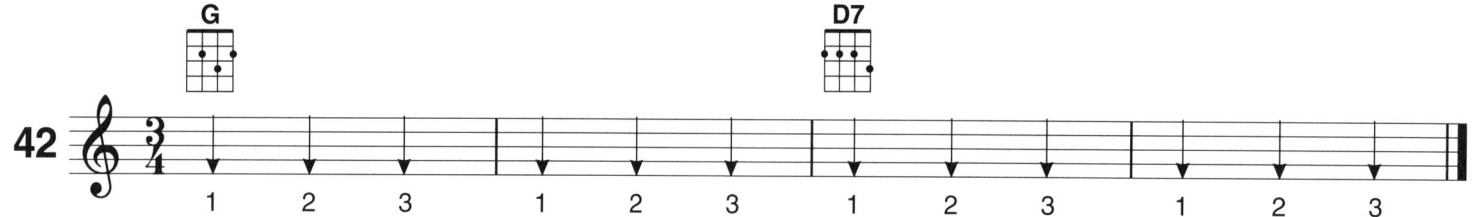

INTERPRETACIÓN DEL RASGUEO DE COMPÁS DE 3/4

Esta es una de las muchas formas de realizar el rasgueo en compás de 3/4:

1. Coloque el dedo índice sobre el mástil como si estuviera por rasguear.
2. Digite un acorde de G (Sol).
3. Rasguee hacia abajo en el tiempo 1, poniendo énfasis en el ritmo.
4. Rasguee hacia abajo nuevamente en el tiempo 2.
5. Siga rápidamente con un rasgueo hacia arriba en el "y" del tiempo 2.
6. Termine con un rasgueo final en el tiempo 3.

Todo junto se ve de esta manera:

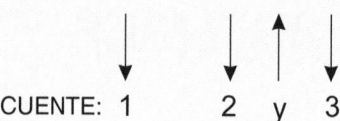

Probemos.

 WALTZ STRUM (RASGUEO DE VALS)

PISTA 25

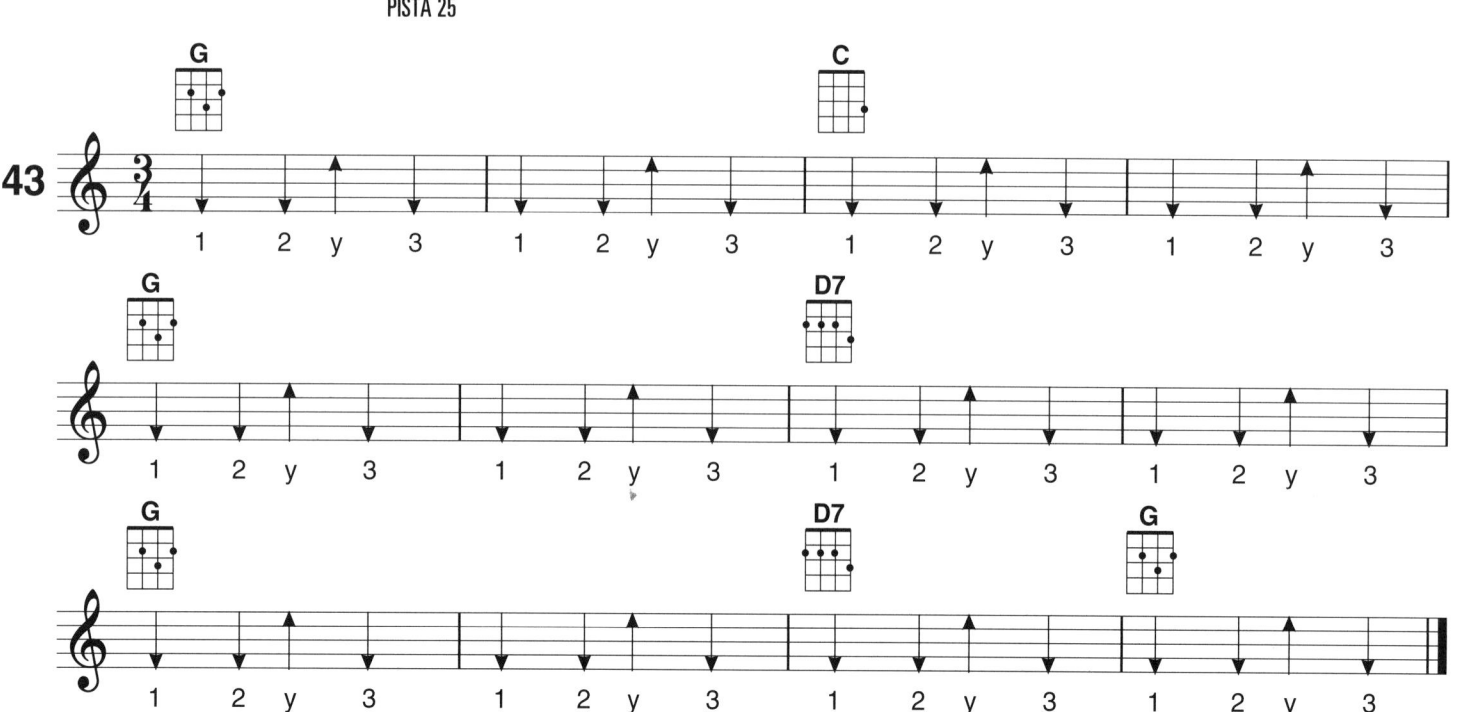

Interprete esta conocida melodía y luego toque la parte de los acordes con rasgueo de compás de 3/4.

John Newton era el capitán de un barco negrero. Mientras navegaba en alta mar, tuvo una conversión religiosa y regresó a África para liberar a sus prisioneros. Escribió muchos himnos clásicos pero este tomó vida propia.

FAMILIA DE ACORDES DE F (FA)

Acordes de F (Fa), B♭ (Si♭) y C7 (Do7)

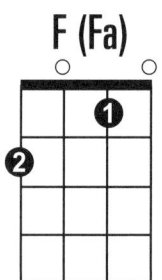
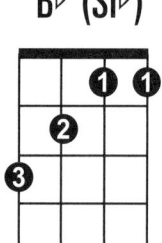
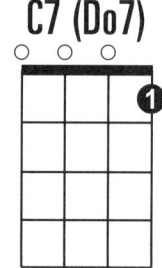

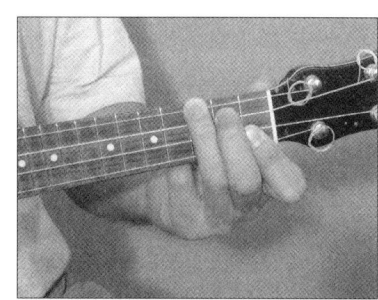
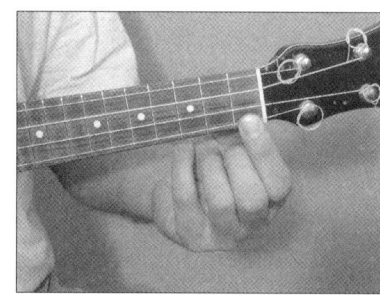

Intente tocar el acorde de F (Fa) solo.

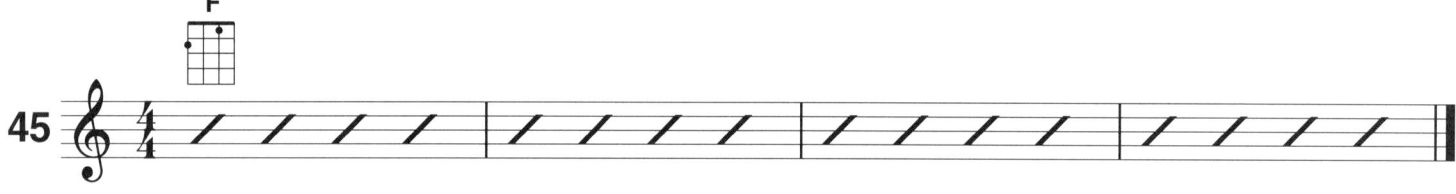

Ahora, agreguemos el acorde de C7 (Do7).

HUSH LITTLE BABY (NO LLORES MI NIÑO)

Hush lit-tle ba-by don't say a word. Ma-ma's gon-na buy you a mock-ing-bird.
If that mock-ing-bird don't sing, Ma-ma's gon-na buy you a dia-mond ring.

Finalmente, agreguemos el acorde de B♭ (Si♭).

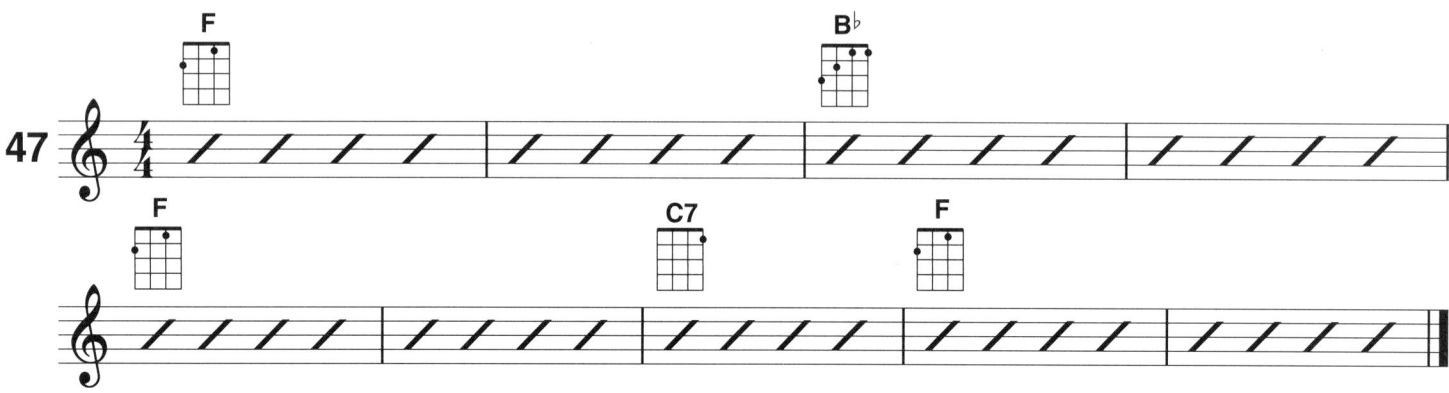

Intente el rasgueo del próximo ejercicio con "Rolling in My Sweet Baby's Arms" (Envuelto en los brazos de mi dulce niña). El patrón de rasgueo con el índice es fácil de escuchar y seguir. La idea es cambiar de acordes con fluidez y sin romper el ritmo. Cuando pueda hacerlo, estará listo para aprender otras canciones en clave de F (Fa).

ROLLING (ENVUELTO EN LOS BRAZOS DE MI DULCE NIÑA)

PISTA 27

JUKING THE UKE (TOCA EL UKULELE)

PISTA 28

Aunque el tipo más común de estructura de blues es la estructura de doce compases, las canciones de blues tienen infinidad de formas y tamaños, con estructuras de ocho, doce, dieciséis y hasta treinta y dos compases. Este es un ejemplo de estructura de ocho compases. El patrón de rasgueo con el índice es fácil de escuchar y seguir.

Lil' Rev

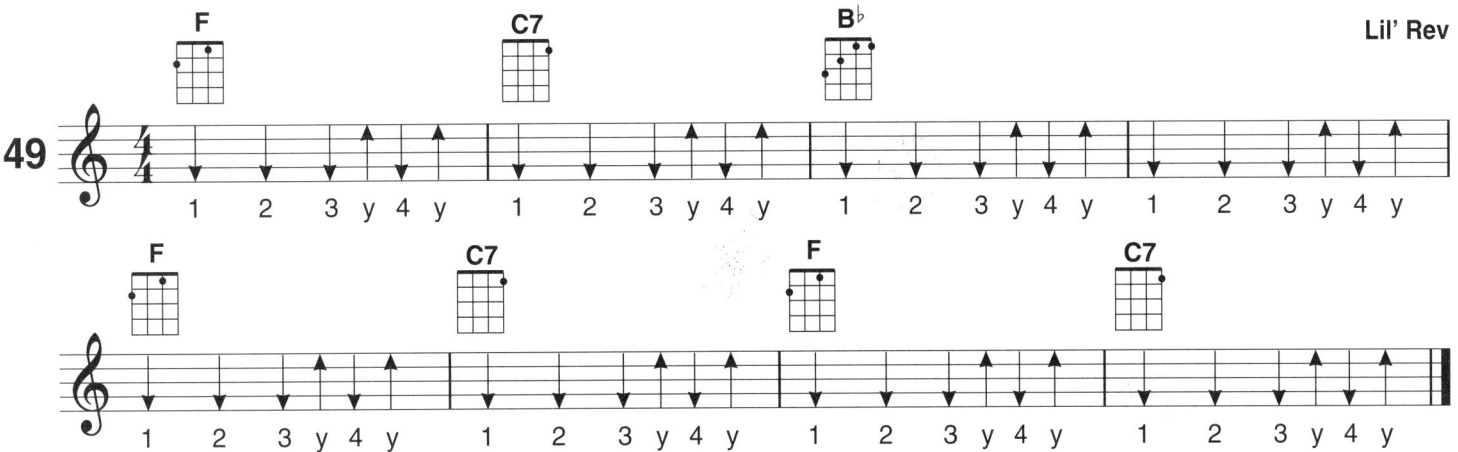

SOSTENIDOS Y BEMOLES

El símbolo # significa **sostenido** y aumenta un tono por la mitad de sí mismo (o un traste). Cuando vea el símbolo de sostenido delante de una nota en la línea del pentagrama, debe elevar esa nota subiendo un traste. Por el contrario, cuando ve el símbolo de **bemol** (♭), debe bajar un traste.

F-SHARP (FA SOSTENIDO)

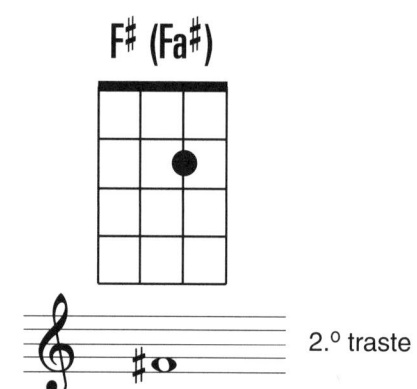

2.º traste

DOWN IN THE VALLEY (EN EL VALLE)

PISTA 29

Canción folklórica del sur de EE. UU.

50

Down in the val - ley, val - ley so low. Hang your head o - ver, hear the wind blow.

Intente interpretar los acordes de esta canción junto con el audio.

ARMADURAS DE CLAVE

Una manera práctica de evitar asignar un bemol (♭) a cada B (Si) en una pieza musical consiste simplemente en colocar un signo de bemol al principio de cada línea. Entonces, cada vez que vea una nota si, tocará un B♭ (si bemol). Esto se llama **armadura de clave** y funciona para todos los tipos de sostenidos y bemoles. Los siguientes ejercicios utilizan la armadura de clave.

B-FLAT (SI BEMOL)

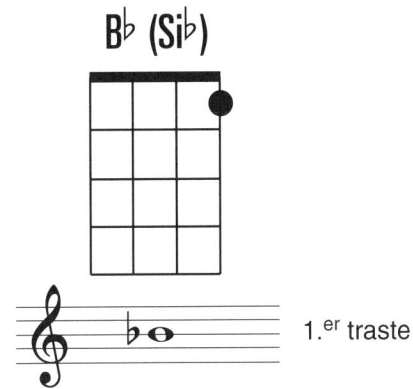

1.er traste

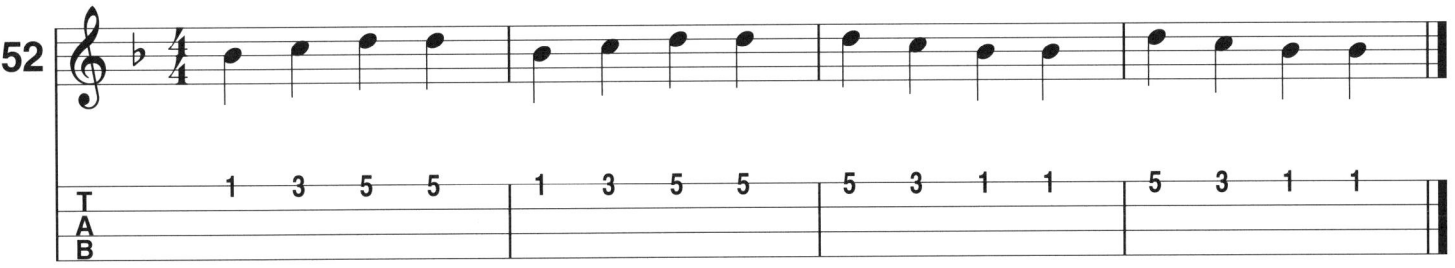

CONSEJO PARA LA PRÁCTICA

Es fundamental practicar con regularidad. Es mejor practicar media hora por día que hacerlo durante dos horas cada cuatro días. Busque una hora del día que le sirva.

ESCALA DE F MAJOR (FA MAYOR)

Ahora que conoce la nota B♭ (si♭), ya conoce todas las notas en la escala de F major (fa mayor). La armadura de clave (con B♭ [si♭]) nos indica que estamos en clave de F (Fa). Observe la nueva nota F (fa) agudo. Tóquela con el meñique en el octavo traste de la primera cuerda.

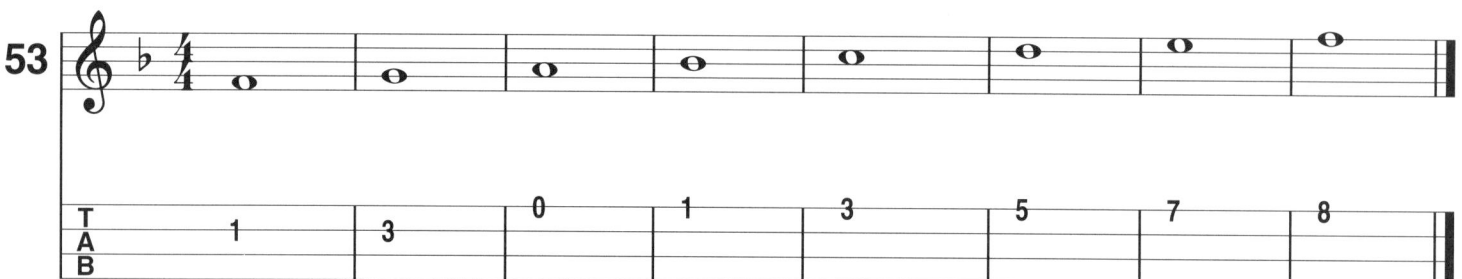

CLEMENTINE (CLEMENTINA)
PISTA 30

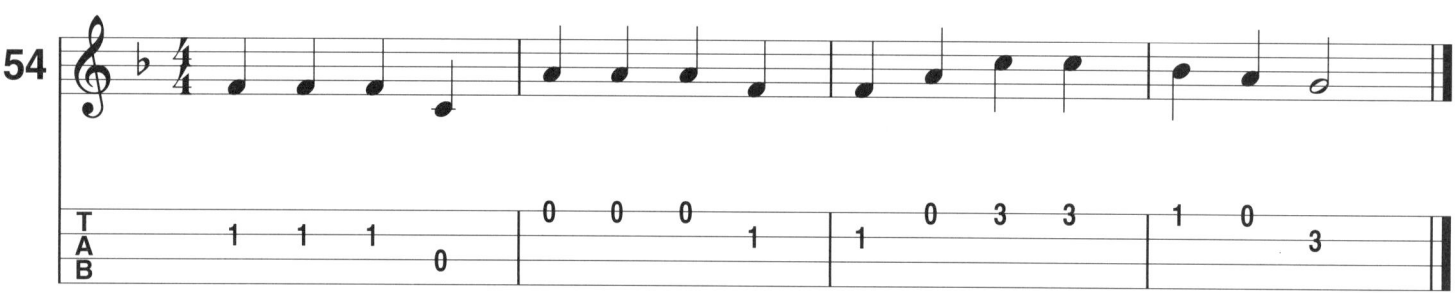

Avancemos en la escala de F major (fa mayor):

PISTA 31

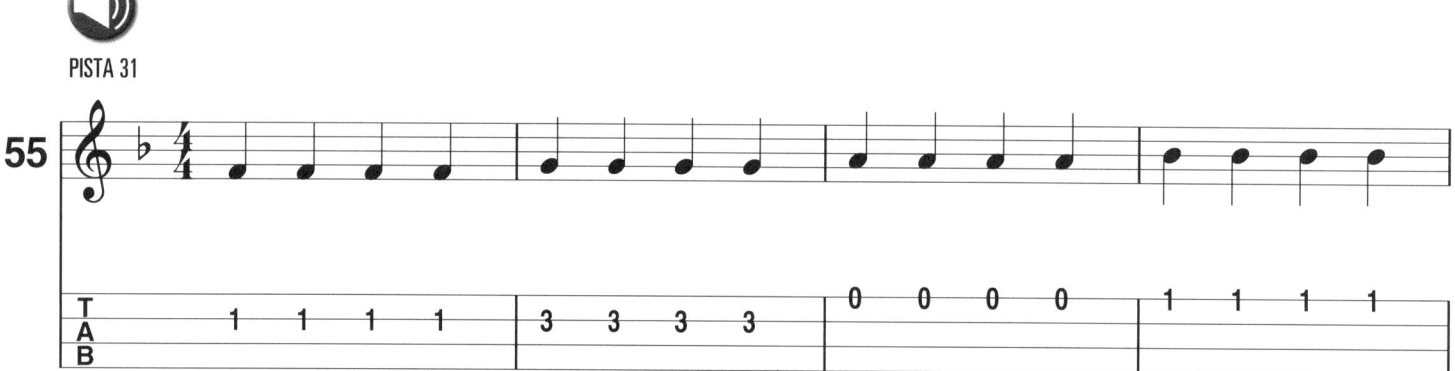

Ahora, intentemos interpretar una melodía básica en clave de F (Fa), tocando cada nota con el pulgar. Vaya lentamente al principio y luego, acelere la velocidad de forma gradual.

Esta es una maravillosa melodía para que practique en clave de F (Fa). Una vez que aprenda la melodía, intente cantar y rasguear mientras marca el ritmo con los pies.

Observe la nueva armadura de clave en las siguientes dos canciones. Recuerde tocar todas las notas F (fa) medio tono más arriba hasta F# (fa#).

IN THE MOON'S PALE SHIMMER (EN EL PÁLIDO RESPLANDOR DE LA LUNA)
(Au Claire de la Lune)

PISTA 34

Canción folklórica francesa

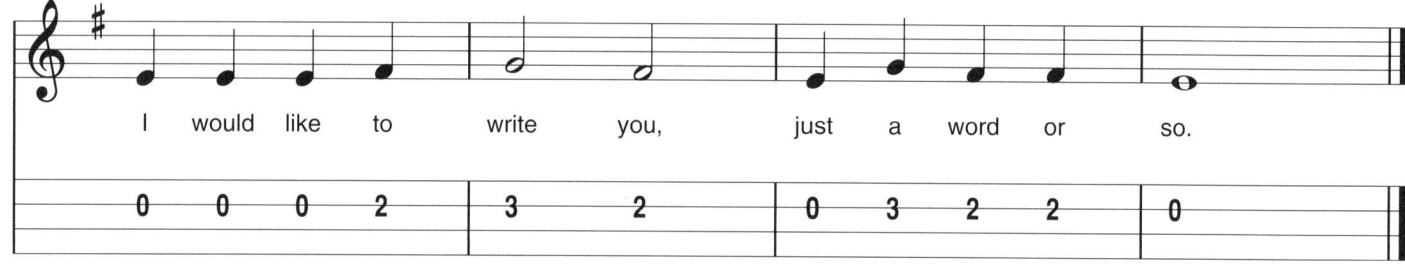

Observe los F# (fa#) en los compases trece y quince.

SHE'LL BE COMING 'ROUND THE MOUNTAIN (ELLA VENDRÁ POR LA MONTAÑA)

PISTA 35

Canción folklórica estadounidense

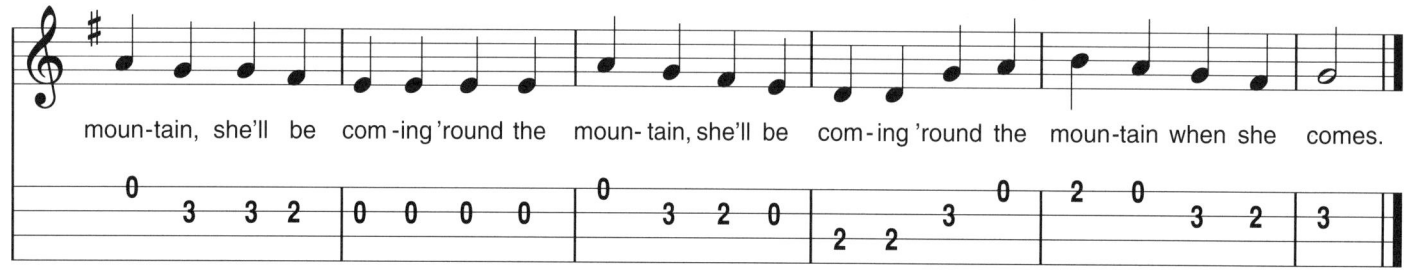

EL REDOBLE SIMPLE

El redoble es una técnica de rasgueo con un ritmo alegre que enfatiza el compás acentuado del rasgueo. Para ello, se deben pasar los dedos de la mano derecha de a uno. Cuando se ejecuta correctamente, debería sonar como un flujo de tiempo continuo.

Imagine que arroja una bolita de papel desde un escritorio con un dedo. Luego, imagine que arroja cuatro bolitas de papel (una después de la otra) con un movimiento continuo de los cuatro dedos. Este es, de hecho, lo que se hace en un redoble.

1. Roce con el meñique de la mano derecha hacia abajo, pasando por las cuatro cuerdas.

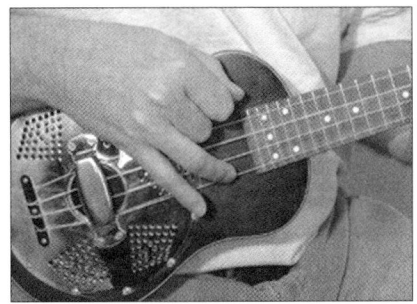

2. Deje que el anular siga la trayectoria del meñique.

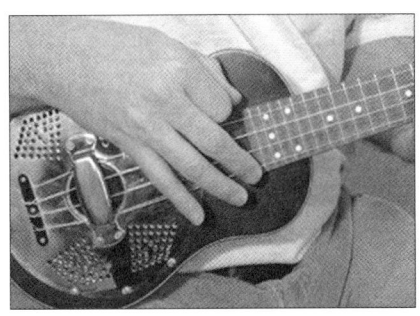

3. Ahora, continúe con el dedo del medio hacia abajo, pasando por las cuatro cuerdas.

4. Finalmente, pase el dedo índice hacia abajo, pasando sobre todas las cuerdas.

Imagine que sus dedos rozan las cuerdas con una progresión estable, uno después del otro. Cuando domine esta técnica, puede agregar el pulgar, que sigue inmediatamente después del dedo índice en el movimiento hacia abajo.

Al final de "Shave and a Haircut" (Una copita de ojén), realice el redoble sobre el acorde de D7 (Re7) y, luego, rápidamente sobre el acorde de G (Sol). Esto puede exigir un poco de práctica pero el esfuerzo vale la pena. Cuando las notas y la tablatura aparecen en columnas como a continuación, indican un acorde o un grupo de notas que se tocan simultáneamente.

SHAVE AND A HAIRCUT (UNA COPITA DE OJÉN)

PISTA 36

Este golpe se usa tradicionalmente al final de las canciones. Cuando haya logrado velocidad, puede usarlo al final de las canciones en clave de G (Sol) (incluido "Boil 'Em Cabbage Down" [Hiérvelos como col]).

Desafío para intérpretes de ukulele: intente buscar otras formas de interpretar este golpe en otras claves.

INTERPRETACIÓN DEL TRÉMOLO

El **trémolo** es un sonido muy bello y agradable cuando se toca en el ukulele. Se realiza de la siguiente manera:

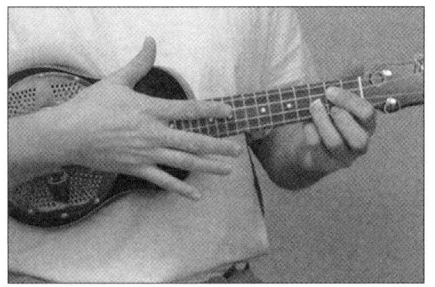

1. Extienda los dedos de la mano derecha tal como se muestra aquí.

2. Coloque el dedo índice sobre el décimo traste.

3. Con la yema de los dedos, rasguee con suavidad pero rápidamente las cuatro cuerdas con un movimiento ascendente y descendente continuo y parejo.

El símbolo musical que usaremos para el trémolo es (𝄎).

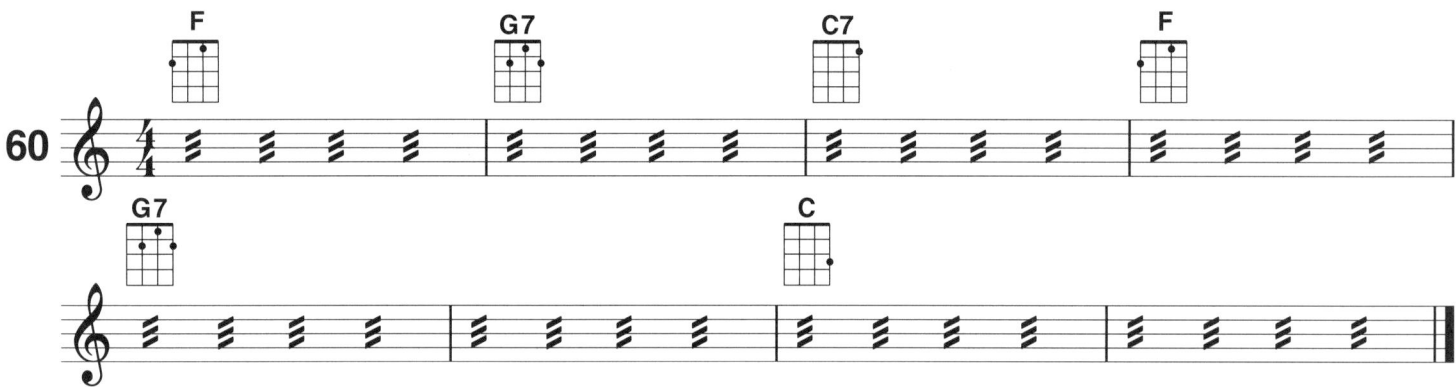

Regrese a la página 18 y revise la melodía de "Aura Lee" (Aura Lee). Una vez que la recuerde, toque esta progresión de acordes usando el trémolo. Observe el nuevo acorde de E7 (Mi7). Es simplemente como la digitación del acorde de D7 (Re7) que conoce, pero dos trastes arriba. Aquí hay también otro acorde nuevo que es fácil de tocar: la menor. Vea en la página siguiente la digitación del acorde de la menor. Cuente "1–2–3–4" para cada compás. Luego, toque junto con la pista n.º 14.

AURA LEE (AURA LEE)

PISTA 37

El acorde de Am (la menor)

Am (la menor)

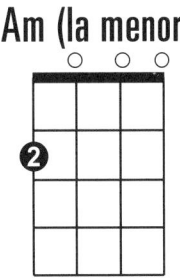

Familiarícese con este nuevo acorde y recuerde las formas de los acordes de C (Do), F (Fa) y G7 (Sol7). Luego, interprete "Doo-Wop Uke" (Du duá) usando el trémolo. La idea es mantener el trémolo con fluidez y cambiar de un acorde a otro sin perder el ritmo. Recuerde usar la yema del dedo índice.

PISTA 38

DOO-WOP UKE (DU DUÁ)

C Am F G7
62
C Am F G7
C Am F G7
C Am F G7

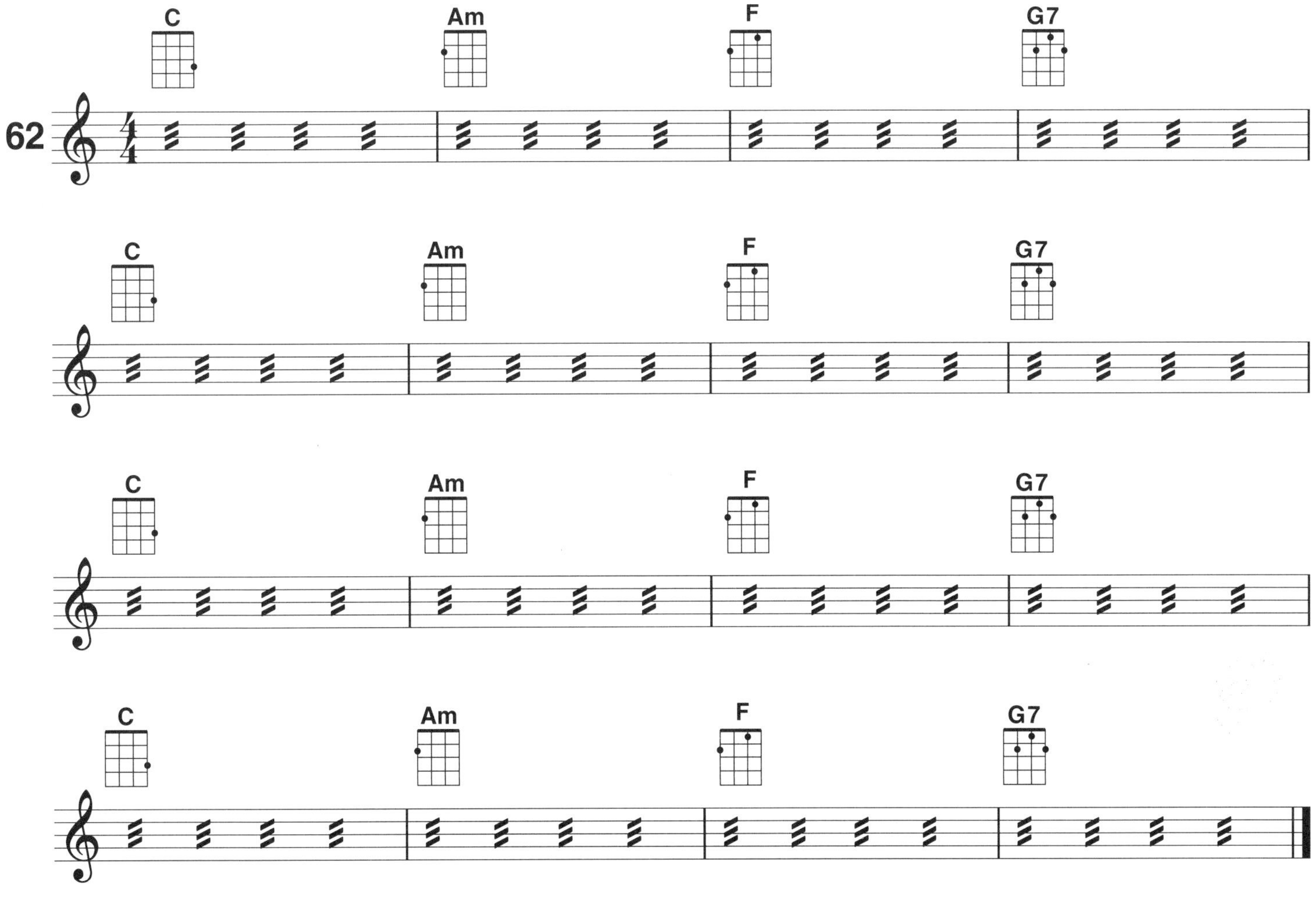

PAUSAS

La música está hecha tanto de sonidos como de **silencios**. El silencio se representa mediante símbolos musicales llamados pausas. Son tan importantes como las notas que interpreta. Cada tipo de figura tiene una pausa correspondiente con el mismo nombre y la misma duración:

Recuerde contar mientras hace los ejercicios.

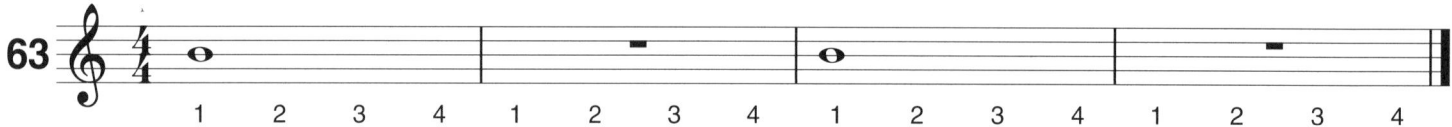

Algunas veces, puede resultar útil marcar el ritmo con el pie durante las pausas.

"Goodnight Ladies" (Buenas noches, chicas) contiene tanto silencios de negra como silencios de corchea. Tenga en cuenta la armadura de la clave.

GOODNIGHT LADIES (BUENAS NOCHES, CHICAS)

PISTA 39

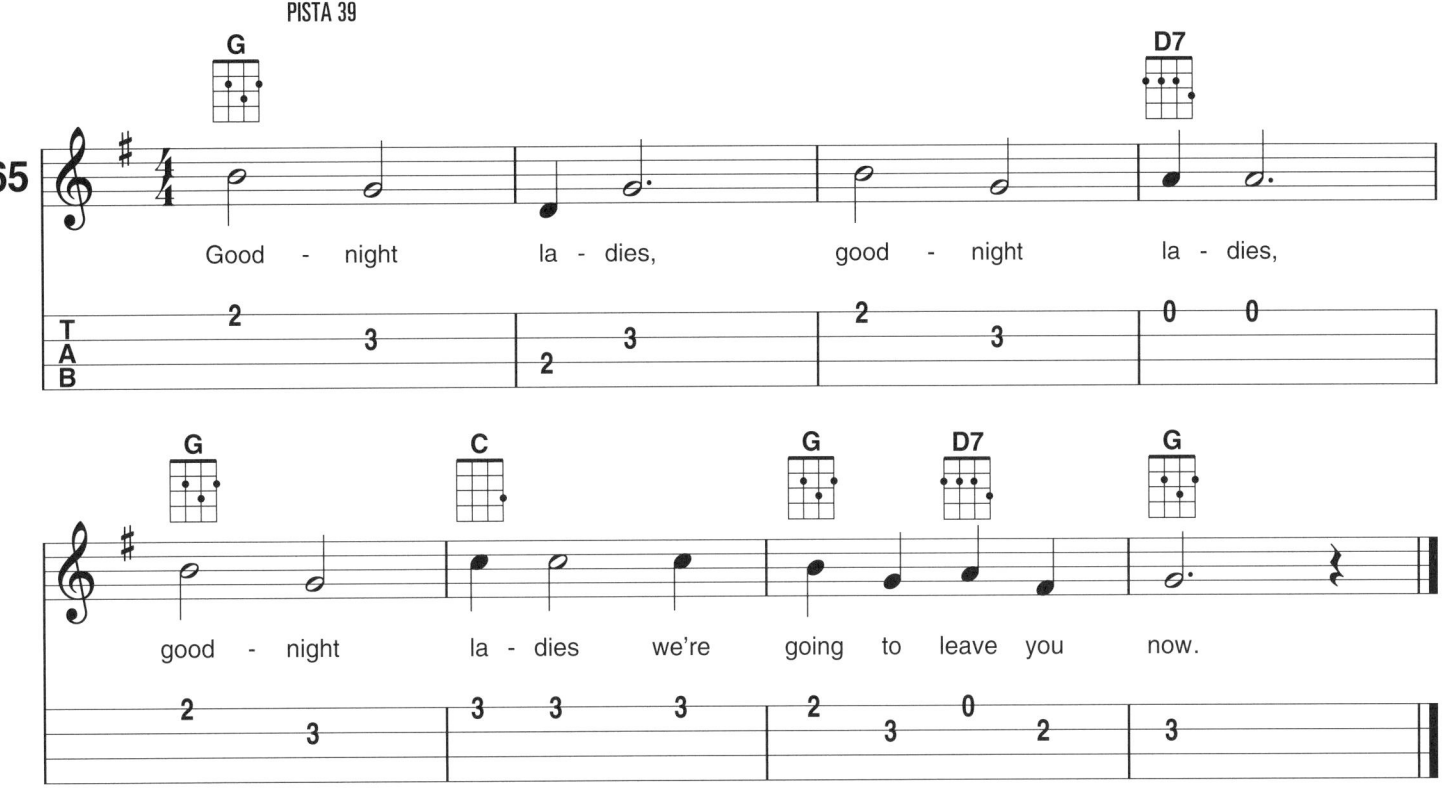

MERRILY WE ROLL ALONG (VAMOS ALEGREMENTE)

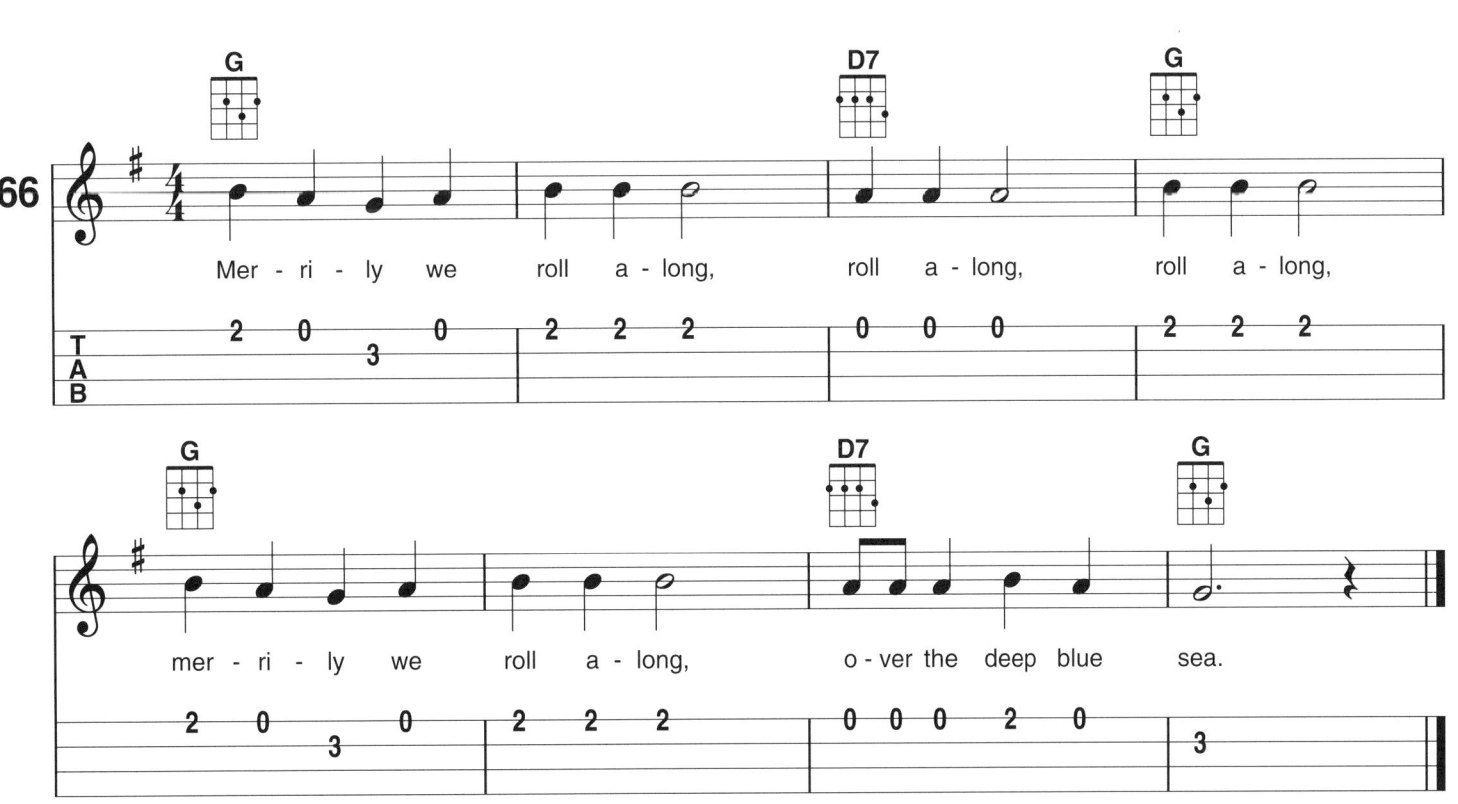

FAMILIA DE ACORDES DE E MINOR (MI MENOR)
Acordes de Em (mi menor), Am (la menor) y B7 (Si7)

Ya utilizó la menor en "Doo Wop Uke" (Du duá); ahora conozca las notas relacionadas en la familia de Em (mi menor).

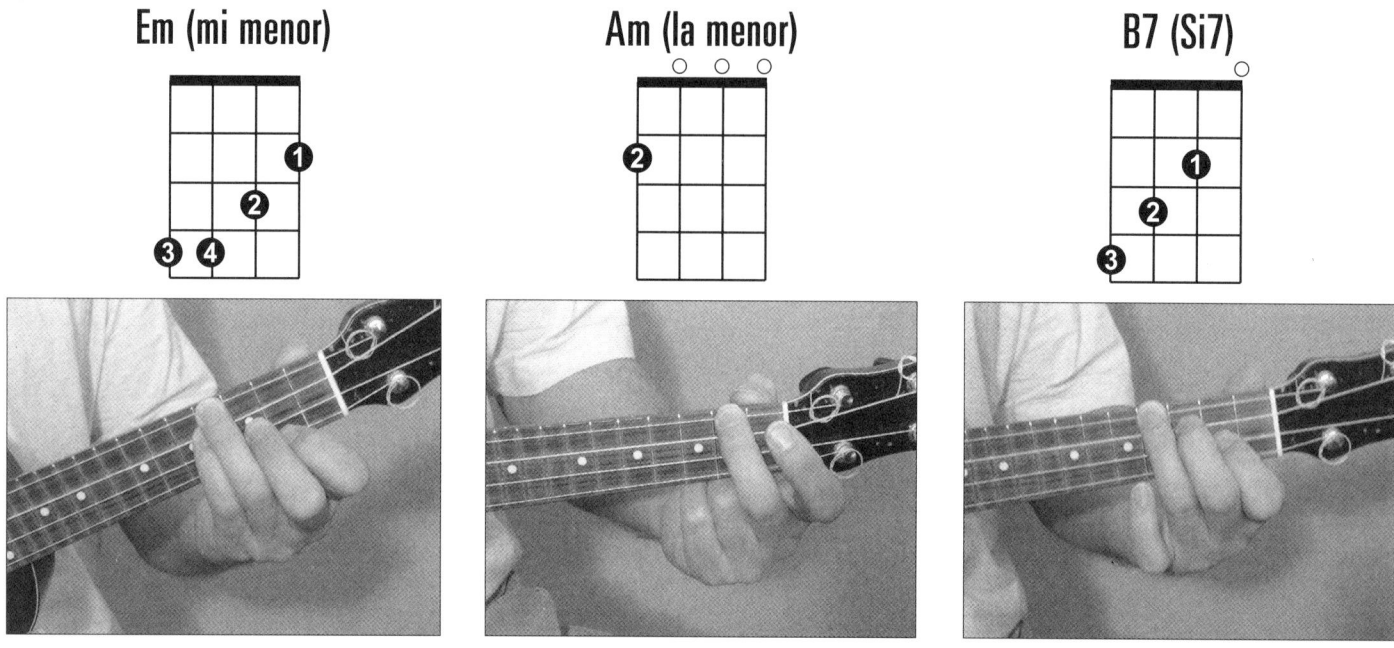

Los acordes menores ofrecen un agradable contraste con los sonidos fuertes de los acordes mayores y con séptima que hemos visto. Algunas personas describen el sonido de los acordes menores como "lúgubre" o "triste".

Comencemos rasgueando el acorde de Em (mi menor).

Ahora, combinémoslo con el acorde de Am (la menor).

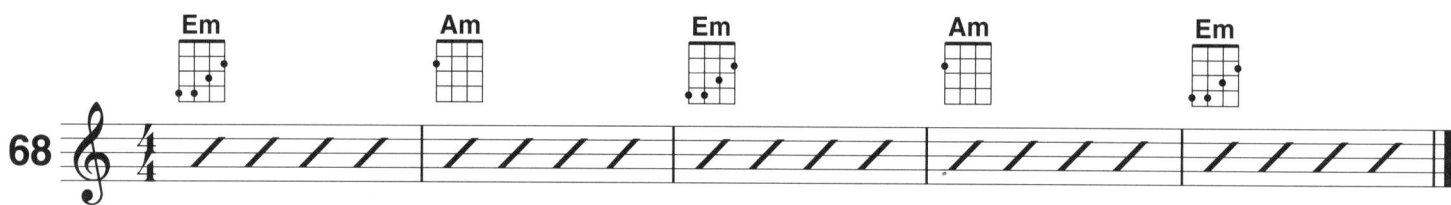

Toque esta progresión de blues con estructura menor de ocho compases.

PISTA 40

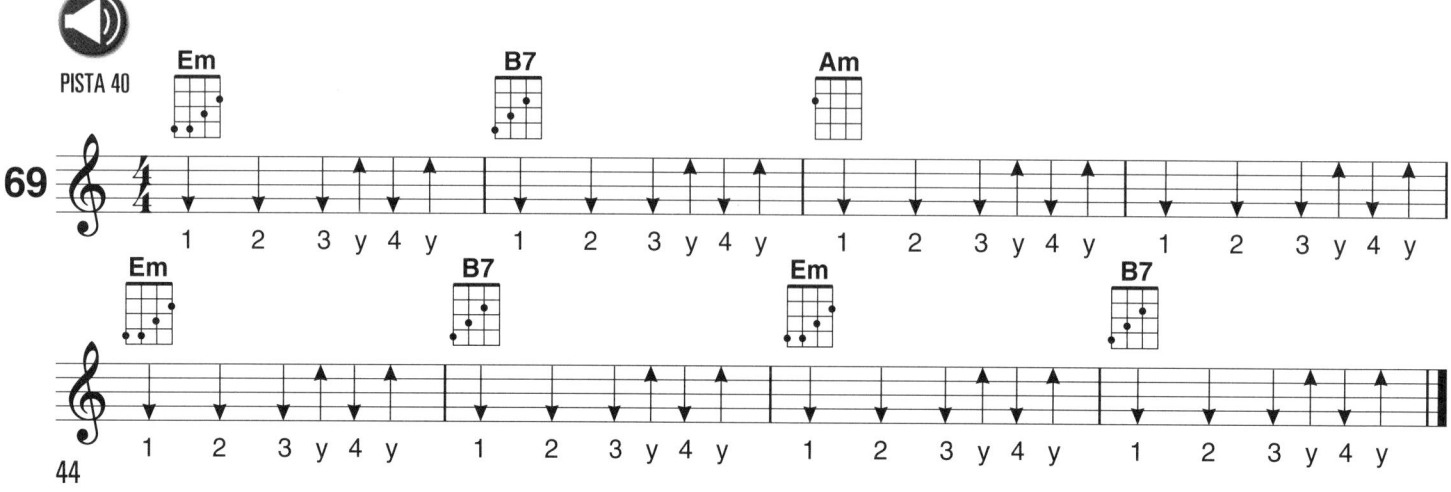

Esta es una típica progresión de blues menor de doce compases en mi menor. Recuerde contar "1–2–3–4". Escuche las diferentes variaciones de rasgueo que se interpretan en la pista n.º 40. Mientras interpreta esta canción, combine y use los diferentes patrones de rasgueo que ha aprendido.

THE HAUNTED UKE BLUES (BLUES ENCANTADO CON UKULELE)

PISTA 41

Progresión de blues

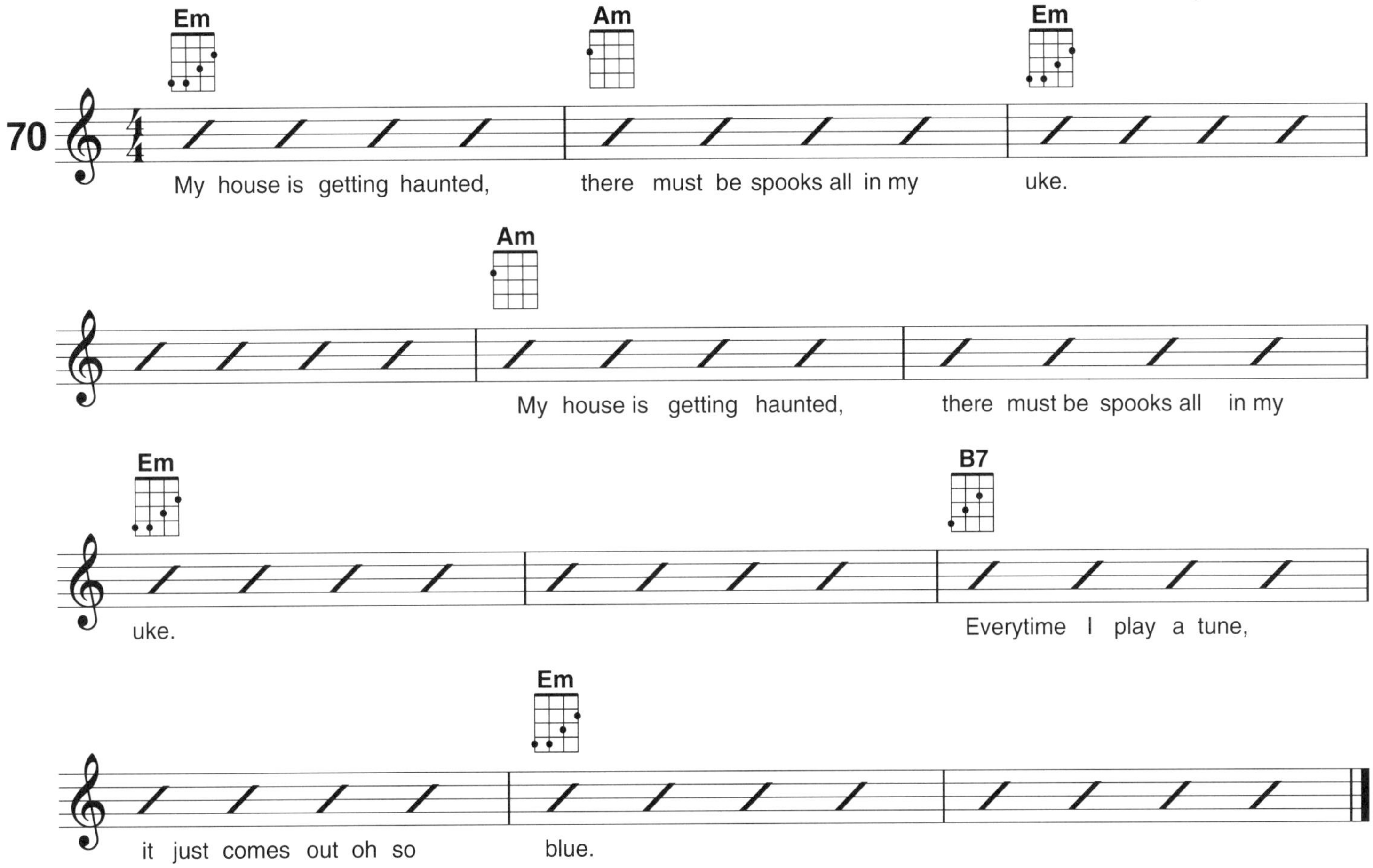
70
Em
Am
Em
My house is getting haunted, there must be spooks all in my uke.
Am
My house is getting haunted, there must be spooks all in my
Em
B7
uke. Everytime I play a tune,
Em
it just comes out oh so blue.

Toque esta melodía menor con el pulgar.

HEY, HO, NOBODY HOME (NADIE EN CASA)

PISTA 42

Melodía folklórica inglesa

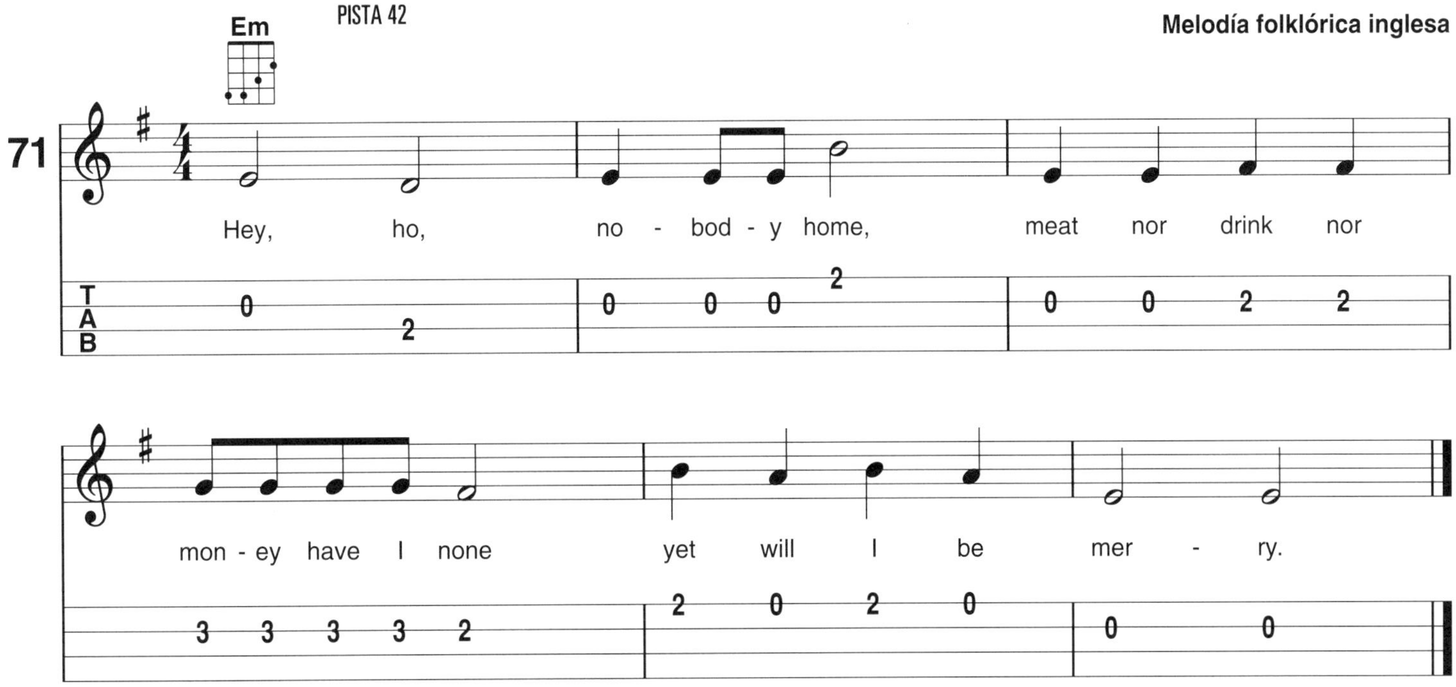
71
Em
Hey, ho, no - bod - y home, meat nor drink nor
T
A
B
0 2 0 0 0 2 0 0 2 2
mon - ey have I none yet will I be mer - ry.
3 3 3 3 2 2 0 2 0 0 0

MÁS ACORDES

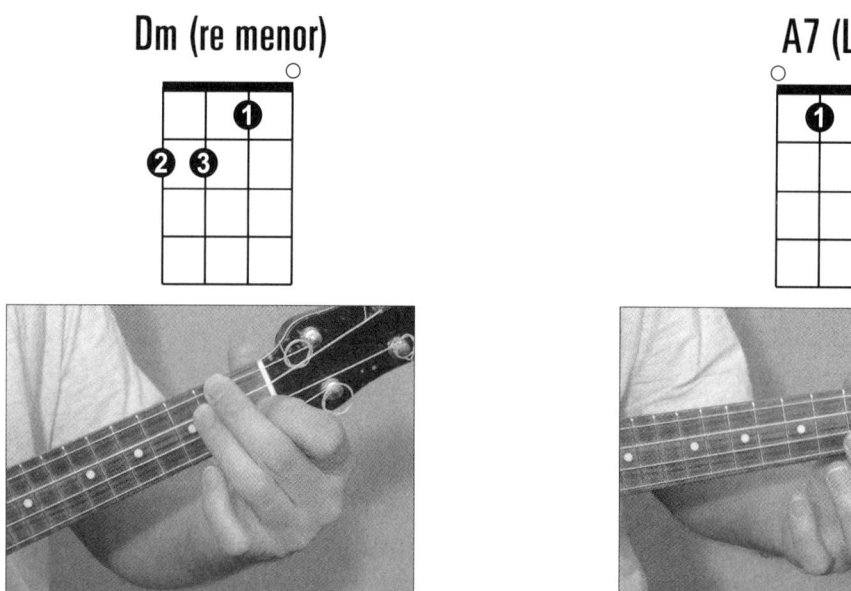

Familiarícese con las posiciones de los acordes que se muestran aquí. Luego, practique cambiar de un acorde a otro.

PISTA 43

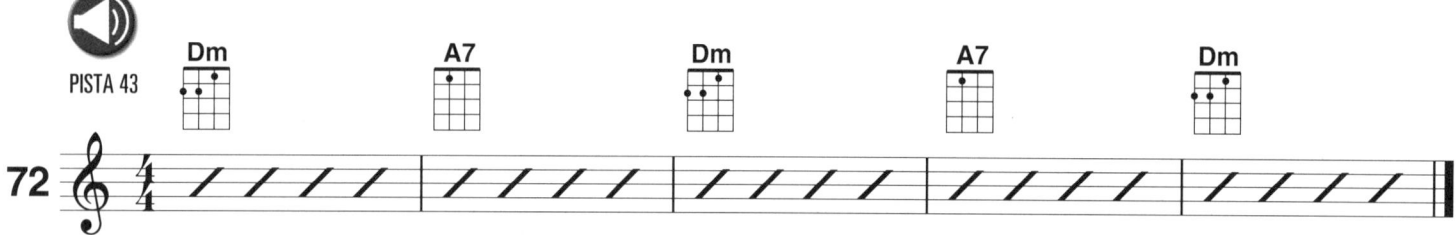

Ahora sí, combinemos todo.

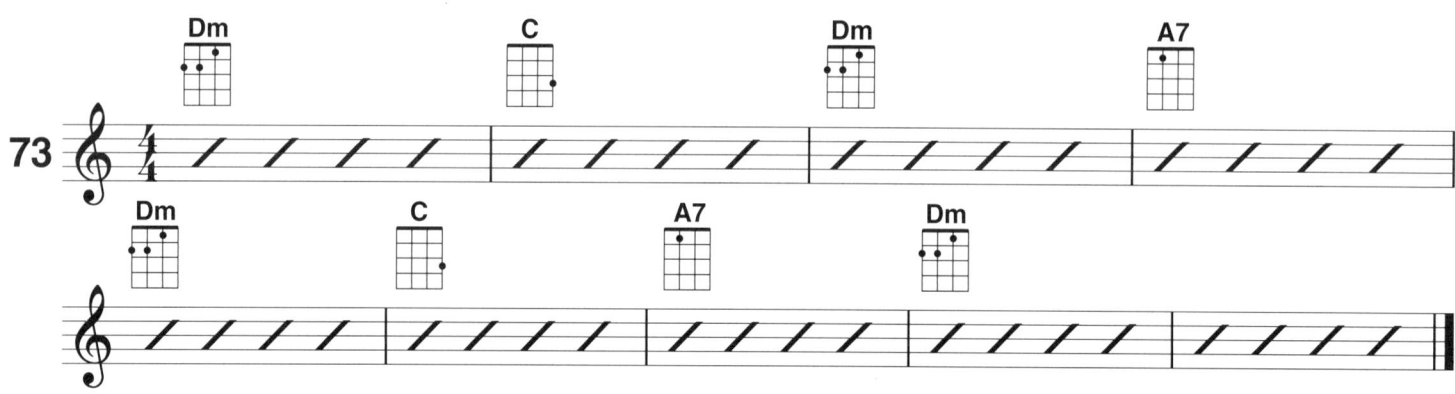

El desafío es el siguiente: intente cambiar de acordes cada uno o dos tiempos en lugar de cada cuatro. Practique lentamente al principio y aumente la velocidad de forma gradual.

PISTA 44

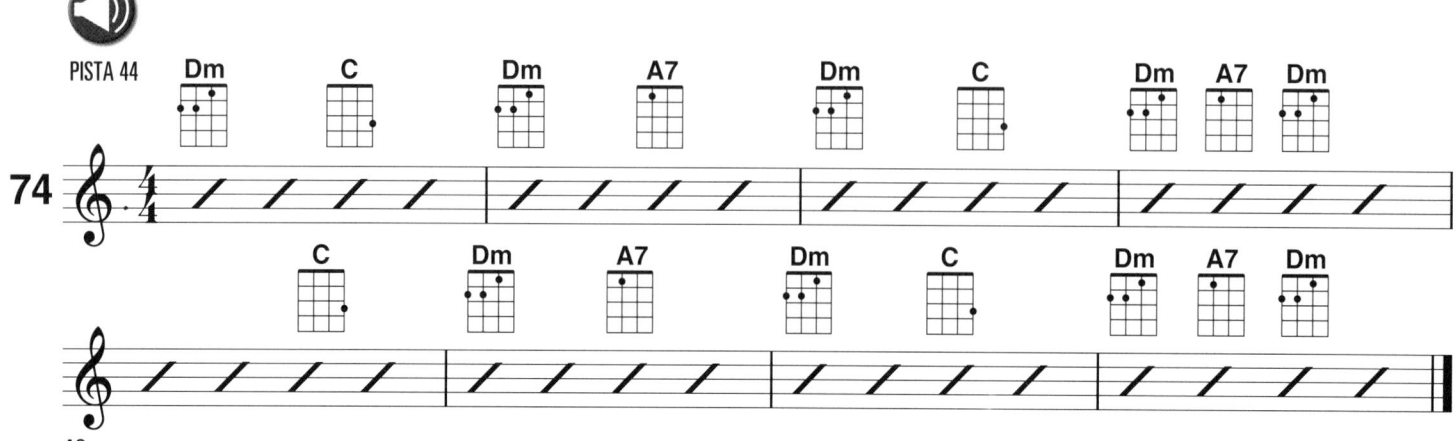

Ahora que ya conoce el acorde de Dm (re menor), interpretaremos una melodía menor. Vaya lentamente y preste atención al valor de tiempo de cada nota. Aumente la velocidad de manera gradual. En "Scarborough Fair" (Feria de Scarborough) hay un nuevo acorde que no conoce todavía: el acorde de A (La). Puede encontrar este acorde y muchos más en la tabla de acordes que se encuentra en la contratapa del libro.

TABLA DE ACORDES

Estos son todos los acordes que utilizamos en este libro y algunos otros acordes comunes que puede encontrar en sus aventuras con el ukelele.

MAYOR	MENOR	7.ª
C 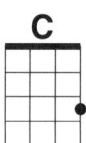	Cm 	C7 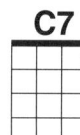
D 	Dm 	D7 
E 	Em 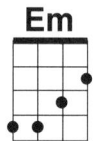	E7 
F 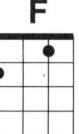	Fm 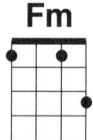	F7 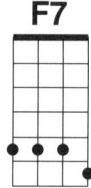
G 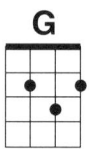	Gm 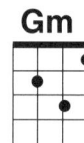	G7 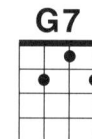
A 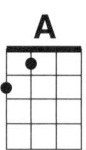	Am 	A7 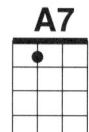
B♭ 	B♭m 	B♭7 
B 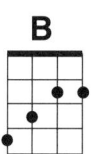	Bm 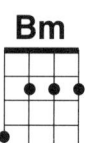	B7 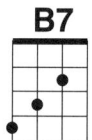